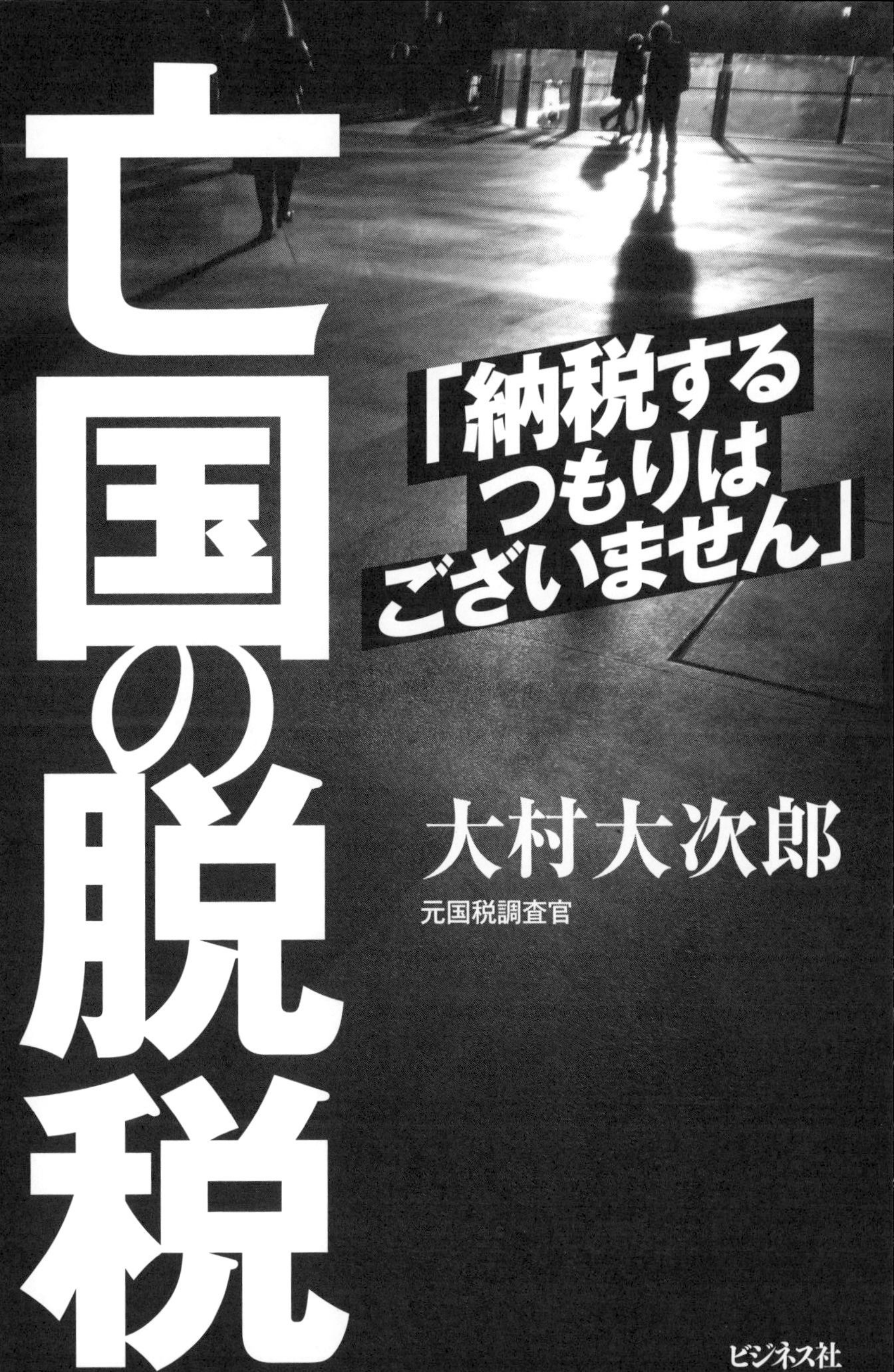

亡国の脱税

「納税するつもりはございません」

大村大次郎
元国税調査官

ビジネス社

はじめに

本書は、2015年に出版した『税金を払わない奴ら』に大幅に加筆修正し、改題して再刊行したものである。

『税金を払っていない奴ら』では、読者の方々から、

「税金を払っていない者がこんなにいるとは！」

「日本の税金はこんなに不公平になっているのか！」

という多くの反響をいただいた。

10年近くたった現在、状況は少しでも好転しているかというと、まったくそうではない。逆に状況は急激に悪化し、税金を払わない奴らはますます増長し、これ以上ないほどの税制の不公平が生じている。

そして税金を払わない特権階級たち、政治家、宗教法人、大地主、開業医などは、社会的に大きな問題をも引き起こしている。

2023年暮れには、自民党の派閥において所属議員にパーティー券のノルマを課し、そのノルマを超えた分については所属議員にキックバック（代金の返還）をしていたとい

う問題が発覚した。キックバックを受けた所属議員は、その代金を政治資金収支報告書に記載しておらず裏金化していたのだ。

倫理上の問題のみならず、脱税の疑いもある大事件である。

この裏金問題について国税庁は裏金議員たちを調査する気がまったくない。国税庁にとって国会議員はアンタッチャブルな存在であり、どれほど税金を逃れようと国税庁が積極的に追及することはないのだ。

日本人の多くは、「税金は公平にできている」「金持ちや大企業は高い税金を払っている」と思っている。

確かに日本の金持ちや大企業は、名目上の税率は世界的に見て高く設定されている。しかし彼らの税金にはさまざまな抜け穴があり、実質的な税負担は、一般庶民より安かったり、ほとんど税金を払っていなかったりさえするのだ。

この現状を見れば、誰もが怒りに震えるはずだ。それをあなたに知っていただきたく本書をしたためた次第である。

2024年

著者

第3章 税金のブラックボックス「公益法人」

第4章 富裕層の税金の抜け穴

第5章 開業医の超優遇税制

第6章 投資家の税金は先進国でいちばん安い

第7章 海外に逃げる税金

本書は２０１５年７月に小社より刊行した『税金を払わない奴ら』を改題し、大幅な加筆修正をした。

第1章

政治家は税金を払わない

政治家の税金はサラリーマンの10分の1

2023年の年末、自民党の裏金問題が発覚した。

2023年12月19日には、安倍派の事務所に東京地検特捜部の「強制捜査」が入り、さらに12月27日、28日には安倍派国会議員2人の事務所が「強制捜査」を受けた。

国会議員にはさまざまな特権があるので、よほどのことがない限り強制捜査などは受けない。だから今回の事件は、かなり深刻な事態だといえる。

この事件を簡単に言えば、自民党の派閥パーティーにおいて、各議員にパーティー券のノルマが割り振られ、そのノルマ以上の売上があった場合は、派閥から議員に代金がキックバックされていたというものだ。

そしてキックバックされたお金は、各議員の収支報告書に記載されておらず、「裏金化」していた。この裏金化された収入は当然、税務申告もされていない。

となると、当然、「脱税ではないか」という疑惑も生じる。

ネットや野党からも、

「収入を帳簿に載せず、支出も不明であれば脱税ではないか」

という指摘がされている。２０２４年3月の確定申告期には「確定申告ボイコット」というワードがネットでトレンド入りするなど、国民の間でも不満の声が日増しに大きくなっている。

なぜ裏金議員たちは脱税で摘発されないのか？

そもそも日本の税制は、政治家に対して非常に緩くなっている。

税金の世界では、十五三一（とうごうさんぴん）という言葉がある。

これは税務署が把握している各業界の人たちの「収入」を示した税務の世界での隠語である。

サラリーマンは収入の10割が税務署に把握されているのに、自営業者は5割、農家は3割しか把握されないということである。そして政治家にいたっては、1割しか把握されていないのだ。

つまり政治家は、実質的な収入に比して10分の1しか税金を払っていないのである。

なぜ政治家は、そんなに税金を払わないで済んでいるのか？

政治家の税金にはどんなカラクリがあるのか？

政治家は、支持者や企業などから多額の献金を受ける。だから有力な政治家は、非常に収入が多い。

ところが、この政治家の多額の収入には事実上、税金が課せられなくなっているのだ。というのも政治家への献金というのは、現在の法律においては政治家個人が受けるのではなく、政治団体が受けることになっている。

つまり献金は、すべて政治団体の収入になるのだ。そして政治団体に対しては、その収入（献金）には税金が課せられない。つまり政治献金としていくらもらっても、無税ということになっているのだ。

政治団体が受け取った金は、実質的には政治家が自由に使える。

つまり実質的には、政治家の収入なのだが、政治団体というパイプを通すことで政治家への課税はされないのである。

また政治団体のお金であっても、政治家が個人的なことに使ったならば、本来であれば、政治家への利益供与ということで税金が課せられる。

しかし税制上、「政治活動費」というのは、限りなく広範囲に認められている。「政治活動費として使った」といえば、税金が課せられることはまずない。たとえば毎晩、高級料亭で会食したとしても、それは「政治活動」だとして経費として処理されるのである。

そのため政治家の場合は、実際の収入に比して、支払っている税金の率は、サラリーマンの10分の1とされているのである。

なぜ鳩山兄弟の脱税はばれなかったのか？

そして政治家には、さらに税金で有利になる条件がある。

それは、政治家の税金に関する監視が甘い点である。

たとえば、鳩山由紀夫元首相は、母親からの巨額の資金提供を受けていたことが発覚し、問題になったことがある。その額は２００２年から現在まで12億６０００万円という、とんでもない額である。この資金提供に対し、鳩山元首相は、２００９年の12月に贈与税の申告漏れとして6億円の納税をした。

この事件を聞いた時、一つの疑問が起きないだろうか？

これほど巨額の課税漏れがあったのに、なぜ国税当局は今まで動かなかったのか、である。

これには、大きな理由がある。

政治家の作っている政治団体というのは事実上、国税当局は関与できないのである。

先ほども述べたように国会議員が支持者などから献金を受けるとき、政治団体を作り、自分個人にではなく、政治団体が献金を受ける仕組みになっている。

この政治団体は、法的には非営利団体とされている。

非営利団体というのは、金儲けのための事業をしていない団体のことである。非営利団体には、法人税は課されないことになっている。そのため必然的に国税当局が法人税の税務調査をするようなこともない。

政治団体は事実上、国税当局の監視の外にあるということである。

だから国税当局は、鳩山首相の政治団体「友愛政経懇話会」の収支報告書をチェックすることは、まずないのである。

国税当局の監視の外にあるということは、実は非常に大きい。

というのは、団体の経理を監査する機関の中でも、もっとも厳しいのは国税だからである。国税以外のチェック機関は、ほとんどおざなりのチェックしかしない。

政治団体は一応、弁護士、公認会計士税理士などで作られる登録政治資金監査人による監査を受けなくてはならないようになっている。ところが、それは形ばかりのものであり、国税のような厳しい追及はない。だから政治団体の収支報告書というのは、適当に作ることができるのである。

つまり国会議員の経理というのは国税の追及を受けることがないので、かなり適当に記載できるのである。

政治資金収支報告書を調べてみたら、エロ本の領収書があったとか、キャバクラの飲み代があったとかいう話がよく出てくる。

また２００７年には、経費の問題で現役の農相（故松岡利勝氏）が首つり自殺までしてしまった。

その経費問題とは、簡単に言えば次のようなものだった。

松岡農相の東京事務所は衆議院議員会館内にあり、事務所費、水道光熱費などは無料なはずなのに、多額の経費が計上されていたのである。

彼は、この問題が野党から追及されると、「なんとか還元水」にしているから、水道光熱費が高いなどと言い訳したのだが、実際は「なんとか還元水」などの領収書はなく、ウソだったことが判明した。そこで窮地に陥ってしまったのだ。

2007年当時、政治団体の報告書には領収書の添付が義務づけられていなかった。領収書の添付が義務づけられていないということは、数字を適当に書いていても、ウソか本当か確認できない。だから松岡農相の事務所も、適当な経費計上をしたのだ。

現在は領収書の添付が義務づけられているが、その領収書のチェックも甘いものであり、実質的にはそれほど変わっていないのだ。

税務署は政治家に弱い

また税務署は政治家に弱い。それが、政治家が税金を払わなくて済む大きな要因にもなっている。

税務署は本来、首相に対してでさえも税務調査を行い、脱税を摘発する権利を持っている。政治団体は税務署への申告義務はないが、政治家個人は税務署への申告義務がある。もし、その申告におかしな点があれば、税務署は政治家を税務調査することもできるし、その関連から政治団体の金に斬りこむこともできるはずなのだ。

また国税は本来、政治団体へも税務調査を行う権利を持っているのだ。政治団体から政治家本人にお金が渡されれば、課税するものかどうかを調査する権利が国税にはある。

実際に寺社など法人税がかからない団体に対しても、住職が寺のお金を個人的に費消していないかどうかを徹底的に調査している。寺社の場合、宗教活動費には税金はかからないが、住職の個人的な費消には税金がかかるからだ。

政治活動費も宗教活動費も、本来の使われ方をされていれば非課税だが、本来の使われ方をされていなければ課税される。

そして寺社などは支出だけではなく、収入も徹底的に調べられる。寺社の収入を誤魔化《ごまか》して住職が自分のものにしていないかどうかを調べるためだ。

つまり寺社などは法人税はかかってないけれど、収入も支出も徹底的に調べられるのだ。

寺社のみならず、学校法人、福祉団体など法人税がかからない団体にも、「所得税の調査」は普通に行われている。

普通に税務調査が行われていないのは、政治団体だけなのだ。

これは憲法の「法の下の平等」に反するものである。

だから国税庁は、政治団体にどんな収入があるのか、政治活動費が何に使われたのか、本当に政治活動に使われたかどうかを徹底的に調べるべきだ。

それをしなければ、ほかのどんな税務調査もする資格がないと言える。

国会議員でも、脱税で摘発された者はいる。しかし、それは国税の力で摘発したものではない。

政敵が政権を握ったために見せしめ的に税務調査に入られたり、巨額の不正蓄財をマスコミから嗅《か》ぎつけられたために、やむを得ず国税が動いたケースなのだ。

政治家には、入金や出金に不透明な部分が多く、ほとんどの人が多かれ少なかれ叩けば埃《ほこり》が出るといわれている。なのに政治家へは、よほどのことがない限り税務署は動かないのだ。

たとえば、元自民党幹事長の故加藤紘一氏に国税の調査が入ったのも、彼が自民党に反旗を翻《ひるがえ》そうとして失敗した「加藤の乱」の後のことである。

加藤氏は、以前から税金に関してグレーの部分があるとマスコミなどで言われていた。が、彼が本当に勢いがあるときには、国税はまったく動こうとしなかったのだ。彼は「加藤の乱」の失敗で政治的な力を失い、政敵により報復的な意味で税務調査を受けたのだ。

またかつての自民党のドン、故金丸信氏が脱税で摘発されたのも、佐川急便からの多額の裏献金事件が発覚した後のことである。故金丸氏は5億円もの裏献金を受け、これは贈《ぞう》賄《わい》では立件できなかった。

しかし5億円をもらった事実はあるはずで、それが申告されていないのはおかしいという世論に動かされて、脱税摘発に踏み切ったのだ。

しかも故金丸氏が国会議員でいるうちには、国税は動いていない。彼が世間の批判にさらされ議員バッジをはずしてから、やおら重い腰を上げたのだ。

当時の大蔵大臣は、宏池会の林義郎大臣だった。宏池会は竹下派と対立していた。もし大蔵大臣が林義郎でなかったら、金丸氏は逮捕されていたかどうか疑わしい。

このように税務署が自発的に政治家の税金に斬りこむことは、まずあり得ないのだ。鳩山兄弟の贈与税が見過ごされていたのも、これが大きな要因なのである。

なぜ二世議員は相続税を払わないのか?

政治家の税金には、さらにおかしい部分がある。二世議員たちの相続税問題である。

日本の議会では、国も地方も二世議員があふれている。

議員を世襲で行うことに疑問を感じている人も多いはずだ。

政治家などというのは、その人の資質がもっとも問われる職業だ。にもかかわらず親が政治家だったというだけで、自分も政治家になってしまっているのだ。それはやっぱりおかしいことだろう。

しかし現行では自民党にも野党にも二世議員がたくさんいるため、だれもこの問題について踏み込もうとはしない。

また二世議員のほうが選挙に勝ちやすい。

だから各党は二世議員を担ぎたがる。政治家が急死すれば、大急ぎで選挙に出られる子供を探す。世間知らずのお嬢ちゃんやお坊ちゃん、それもいなければ配偶者までもが担ぎ出される。

なぜ二世議員が選挙で強いのかというと、親の知名度や地盤を使えるからである。

ところで私は一応、税の専門家だが、常々二世議員の税について疑問を持っていた。

「彼らは本当は莫大な税金を払わなければならないのではないか」

ということである。

地盤や知名度というのは、莫大な財産である。通常、財産をもらえば、贈与税がかかる。親が死んでからもらったとしても相続税がかかる。

選挙の地盤に関しては、非課税などという取り決めはない。二世議員は、地盤という莫大な財産を得ているのに税金を払っていないのだ。

これを事業家の子供に置き換えればわかるはずだ。事業家の息子がその事業を継承するために株を贈与された場合、その価額に応じた税金を払わなければならない。企業価値の高い会社の株であれば莫大な額になる。

政治家の地盤と言うのは、金額に換算すると相当な額になる。1回選挙を行うだけで、平均でも市会議員レベルで数千万、県議会レベルで数億、国会議員では数十億単位の金が必要だといわれている。そんな多額の金を何度もつぎ込んで固めてきた地盤なのだから、相当な価値があるはずだ。

これほど二世議員が増殖したのは、そのような莫大な財産を無税で譲り受けられてきたからである。二世議員の地盤に税が課せられていないのは、公平の観点から見てもおかしいところだ。

国税当局に、なぜ政治家の地盤を譲るときに税を徴収しないのかと聞けば、おそらく選挙の地盤などは、実際の価値がわからないからと言い訳をするだろう。

しかし実際の価値がわからなくても、価値があるのならば課税するべきである。また実際の価値がわからなくても、どうにかして調べるのが国税の仕事である。選挙費用の相場などを参考にすれば、金銭的価値はわかるはずだ。

政治団体という法律の抜け穴

また世襲議員は「地盤」だけではなく譲り受けたお金や財産についても、ほとんどの場合、相続税がかからない。

というのも、ここでも政治団体が法律の抜け穴になっているのだ。

政治団体に個人が寄付をする場合、非課税となっている。そして政治資金規正法で、個人は政治団体に年間2000万円までは寄付できるようになっているのだ。

だから親が毎年2000万円を子供の政治団体に寄付していけば、相続税をまったく払わずして、自分の資産を譲り渡すことができるのだ。

さらに政治団体から政治団体に寄付をする場合も、非課税である。しかもこの場合は、寄付金の上限額はない。

世襲議員の場合、親も本人も別個の政治団体をつくっている。だから親の政治団体から子供の政治団体に寄付をするという形を取れば、何億円であろうと何十億円であろうと無税で相続することができるのだ。

もし親が急に死亡した場合でも、親の政治団体から子供の政治団体にお金を移せば、相続税はゼロで済むのだ。

このように親がため込んだお金を無税で子の政治家に渡るシステムがあるので、世襲政治家が増殖することになったのだ。

少なくとも、この相続税の優遇制度は廃止しないと、世襲政治家の増殖は止められないし、日本の低迷も止められない。

日本は先進国の中では異常に世襲議員が多い。テレビ朝日のデータによると日本の衆議院の23％は世襲議員である。

アメリカ、イギリスは７％程度、ドイツは１％以下である。しかも日本の場合、過去20年で首相９人のうち６人が世襲議員なのだ。

こんな国は先進国にはどこにも見当たらない。

世襲制というのは、人類の永遠の課題ともいえるものだ。

日本でも聖徳太子の時代から「門閥《もんばつ》によらない人材登用」を掲げた政治改革がいくたびも行われてきた。しかし時間が経てば改革は骨抜きにされ、世襲制が復活してくるのだ。

あの明治維新も、テーマの一つが世襲制の廃止だった。

江戸時代のような生まれた家柄で身分や職業が決まってしまう封建社会を廃し、家柄や身分に関係なく自分の能力にあった仕事や地位につける社会をつくるというのが明治維新の目的でもあったのだ。

しかし、それらの改革はいずれも時間が経てば骨抜きにされ、世襲制がゾンビのように復活してくる。そして今の日本は、社会の中枢が世襲だらけということになっているのだ。

政治家のような国の行く末を担うリーダーは当然、有能な人材でなければならない。政治家の家に生まれた者が自動的に政治家になるシステムがあっては絶対にならない。

そして現在の日本の低迷と世襲政治家の増殖は、まったくリンクしている。

日本は戦後、世襲政治家が首相になるケースはほとんどなく、平成になるまでの14人の首相のうち、世襲政治家は鳩山一郎だけだった。

しかし平成になってからは世襲政治家ばかりが首相になるようになり、実に6割以上の首相が世襲政治家だったのだ。

平成時代の日本は「失われた30年」とも言われ、日本が急速に衰退していった時期なのだが、この平成時代以降には世襲首相が激増しているのだ。

日本が何十年も前からわかっていた少子高齢化をまったく防ぐことができず、国民生活がどんどん苦しくなってしまったのも、世襲政治家ばかりになったことが原因の一つだと思われる。

また世襲政治家の弊害として、利権やしがらみの引き継ぎという面もある。

親がもっていた利権やしがらみは、子供にもそのまま引き継がれる。

旧統一教会と関係が深い政治家が異常に多かったのも、親の世代から付き合いがあったことが要因の一つとして考えられるのだ。

そして日本でこれだけ世襲政治家が増えたのは、相続税の優遇制度が非常に大きな原因だといえる。政治団体という税金のブラックボックスを早急に叩き壊し、政治家が所得税や相続税を当たり前に払うようにならないと、日本の政治はいつまでも良くならないし、日本の衰退は止められないのだ。

第2章

宗教法人の税金の闇

宗教法人はなぜ金をもっているのか？

宗教法人というのは、驚くほど金をもっていることがある。

あまり名前の知られていない宗教法人が巨大な施設を建てているのを見たことがある人も多いのではないだろうか？

またオウム真理教が事件を起こしたとき、その莫大な資金力に驚いた人も多いはずだ。

実際、宗教法人は非常に金をもっている。

日本全体の宗教法人の総収入は２兆円を超えるとされており、金融資産は20兆円～30兆円と推定されている。

不動産を含めると、その資産力は計り知れないといえる。

たとえば２０１３年、創価学会は東京・信濃町に、総工費１７０億円の新本部ビルを落成させている。また真如苑は、２０００年代、東京都の千代田区や武蔵村山市などの土地、８００億円以上を購入している。

宗教法人は、経済主体として決して無視をすることのできない存在である。

なぜ宗教法人は、それほど金をもっているのか？

宗教法人というのは、金を集めやすい性質をもっている。

信者がお布施《ふせ》や寄進、寄付という形で対価なくお金を出してくれる。

信者1人ひとりの寄付は少なくても、多大な金額になる。たとえば1万人の信者が年間1万円ずつ寄付をしたとしても、それだけで1億円になる。しかもその1億円には、一般の企業のように「仕入れ経費」などはないので、1億円がまるまる収益になるのだ。

だから信者の多い巨大宗教団体は、容易に巨額の資金力をえることができる。

また宗教法人の運営には人件費があまりかからない。

信者たちがボランティア的に運営を手伝ってくれるので、専任の職員は少なくて済む。また専任の職員も通常は信者なので、薄給で済む場合が多いのだ。

しかも宗教団体へのお布施、寄付などには原則として税金はかからない。

ビジネス的に言えば、宗教法人というのは「元手があまりいらないうえに、税金がかからない」のである。

そのため宗教団体は、非常にスピーディーに金を貯めることができるのだ。

宗教法人の優遇税制とは？

まず宗教法人の税金制度について整理しておきたい。

冒頭で述べたように、宗教法人は非常に税金で優遇されている。

宗教法人の「宗教活動でえたお金」に、原則として税金はかからない。「宗教活動でえたお金」というのは、お布施や寄付などのことである。

神社などで売られているお守りやおみくじの販売も宗教活動として非課税となっている。

国税庁のホームページでは次のように解説されている。

「お守り、お札、おみくじ等の販売のように、その売価と仕入原価との関係からみてその差額が通常の物品販売業における売買利潤ではなく、実質的な喜捨金と認められるような場合のその物品の頒布は、収益事業には該当しません」

つまりおみくじやお守りなどは、本来の原価は大したものではなく、神仏の「御利益」を売りにしている商品については宗教活動と認めますということなのだ。

また墓地の販売も非課税となっている。

国税庁のホームページでは、宗教団体の墓地事業について次のように説明している。

「宗教法人が行う墳墓地の貸付けは収益事業に該当しないこととされており、この墳墓地の貸付けには、その使用期間に応じて継続的に地代を徴収するもののほか、その貸付け当初に『永代使用料』として一定の金額を一括徴収するものも含まれます」

墓地の場合、「販売」とされていても、じつは「永代の貸付」とされている場合が多い。

つまり宗教法人が営む墓地販売業は、非課税なのである。

なぜ宗教法人は巨大な宗教施設を建てることができるのか?

宗教法人には巨大宗教施設がつきものである。

いろんな宗教法人が日本各地に宗教施設をもっている。

これも、じつは税金が関係している。

宗教法人の場合、「宗教施設」であれば固定資産税もかからない。

信者の集会場であったり、オフィス的な機能をもった普通のビルであっても、宗教的な催しをする場所であれば固定資産税はかからないのだ。

そして先ほども述べたように、宗教法人のお布施や寄付などには税金がかからない。そのため少しお金が貯まった宗教法人は、たちまち不動産を購入することになる。

一般の企業であれば、こういうことはなかなかできない。

一般の企業は不動産を購入しても、土地の購入費はまったく経費にはできない。また建物も一括経費にはできず、耐用年数に按分《あんぶん》して経費化していかなければならない。

たとえば民間企業が、儲かったお金を使って2億円の建物を購入したとする。

しかしこの企業は、建てた年に2億円を経費として計上することはできない。

この建物の耐用年数が20年だったとすると、2億円を20年で按分し、1年あたり１０００万円ずつを経費として計上していくのだ。つまり2億円のお金を使ってビルを購入しても、経費として計上できるのは1年あたり１０００万円だけである。残りの1億９０００万円は、その年の課税の対象となってしまうのだ。

だから民間企業の場合、「儲かったから、そのお金でビルを建てよう」とはなかなかできない。よほど資金力のある企業じゃないと、不動産を購入することはできないのだ。

しかし宗教法人は、そもそも経費などは関係ないので、お金が貯まれば貯まるだけ不動産に投資できるのだ。

そして購入した不動産には固定資産税がかからない。

そのため、ちょっと信者がいて、ちょっとした寄付があれば、たちまち不動産資産が形成されてしまうのだ。

収益事業に関する税金も普通の企業の約60％でいい

宗教法人は、宗教活動とは別に「収益事業」を行ったりすることもある。

収益事業とは、不動産の貸付や駐車場、出版や物品販売などのことである。物品販売も、先ほども述べたようにお守りやおみくじなどは宗教活動として非課税になる。

収益事業を行っていた場合は当然、普通の企業と同じように税金がかかるはずであるが、この収益事業に関しても、宗教法人は優遇されているのだ。

宗教法人が収益事業を行っていた場合、所得金額（利益）の80％のみ法人税がかかる。

つまり所得金額の20％は免除されるのである。

また宗教法人の収益事業の法人税は税率が19％となっている。普通の企業の法人税は約25％である。普通の法人税の８掛けでいいことになる。

しかも所得が20％免除されているので、実質的な法人税率は約15％である。つまり宗教法人は、普通の企業の税金の6割でいいのである。

宗教活動でえた利益には税金はかからず、収益事業でえた税金も普通の6割でいいのだ。

宗教法人優遇税制の問題点

筆者は宗教法人や宗教そのものについて頭から否定するつもりはない。

宗教というのは、太古から人の心の救いになってきた面は必ずあるし、それを信じる人たちにとっては命よりも大事な場合もある。

また現在の宗教団体のなかには、地域のコミュニティーとしての機能を果たしているようなケースも多い。生活が苦しい人に信者同士で仕事を融通したり、生活の相談に乗ってくれたりもする。貧しい家庭や孤独な老人にとって、宗教に入ることが救いになるケースも多い。現代日本が失いつつある「地域の機能」を宗教法人が代わって果たしている面もあるといえる。

だから宗教法人がある程度の税制優遇を受けるのは、不自然ではないともいえる。

それでも今の宗教法人税制を手放しで容認するわけにはいかない。

今の宗教法人税制は多々の問題点を抱えているからだ。

というのも、まず第1の問題点は、「透明性」である。

社会からこれだけの巨額のお金を集め、税制でもこれだけ優遇されているのだから、会計などには当然、「透明性」が求められる。それが社会的義務でもあるはずだ。

にもかかわらず今の宗教法人は、会計などに「透明性」があるとは決して言えない。

宗教法人は収益事業をしていれば、税務署への申告の義務がある。また収益事業をしていなくても、宗教活動で8000万円以上の収入があれば税務署に申告しなければならない。だから名だたる宗教法人のほとんどは、税務署の監査を受ける立場にあるといえる。

しかし名だたる宗教法人のほとんどは、その政治力を駆使し、税務署の監査をきちんと受けていないのだ。

たとえば創価学会は、1990年に税務調査に入られ、墓石の売上など経理ミスで多額の追徴課税を受けた。

ただし、それ以降は税務調査は入っていない。

これほどの巨大宗教団体が25年にわたって、ほとんど税務署から本格的に接触されていないのは異常なことである。これは1993年以降、政権与党に入ったため（一時的に政権から離脱したことはある）と考えられる。

国税側の意気地なしぶりもさることながら、創価学会側としても国民の理解をえるためにも、ちゃんと本格的な税務調査を受けるべきではないだろうか？

本当に国民に支持をされる宗教団体になるためには、税務調査を受けるくらいの社会的責任はまっとうしなければならないはずだ。またそれは国民に対して、宗教法人の透明性を証明するうえでも不可欠なことである。

住職は脱税の常習犯

これまで宗教法人の税金の優遇制度について説明してきたが、ここで少し目を転じて、大きな宗教法人ではなく、地域の寺などの小さな宗教法人について見てみたい。

というのは、宗教法人の税制のもう一つの大きな問題がここに隠されているからだ。

じつは、寺の住職は脱税の常習犯なのである。

寺の住職というと、仏に仕える身であり、脱税なんて絶対やらないようなイメージをもっている人も多いかもしれない。でも事実はまったく逆なのだ。

寺の住職というのは、他の業種に比べて非常に脱税が多い。

寺を税務調査した場合、80~90%の割合で納税漏れが見つかるのだ。業種全体の平均値が60%台なので、お寺は平均よりも20ポイントも脱税率が高いと言える。

寺の場合、脱税する総額がそれほど大きくないので起訴まではされず、ニュースなどにはあまり取り上げられないが、実際は非常に脱税の多い業種なのだ。

寺の住職というのは、非常に脱税をやりやすい状況にある。寺の最大の収入源であるお布施に対して、領収書を発行することはほとんどない。領収書を発行しないので、取引記録が残らないのだ。

またそのやりとりは密室で行われるので、外部にはまったく見えない。

脱税は、こういう状況の時にもっともやりやすいのだ。

住職が檀家《だんか》でお布施をもらい、そのままポケットに入れてしまえば脱税は簡単に成立してしまうのだ。

つまりは、住職という職業は脱税の〝誘惑〟が多いのである。

「脱税の誘惑」が多いといっても、住職は仏に仕える身、そんな誘惑に負けてほしくないものである。しかし住職も所詮《しょせん》、生身の人間であり、この誘惑には勝てないようなのだ。

寺の税金は複雑

そもそも寺の税金とはどうなっているのか？

寺の税金というのは、ちょっと複雑な形態になっている。寺は、ほとんどが宗教法人という組織になっている。先ほども述べたように、寺（宗教法人）の宗教活動には、税金はかからない。だから寺本体には、税金がかからないことがほとんどなのだ。

そして寺の住職というのは、その寺（宗教法人）から雇用され、給料をもらっている形になっている。そのため、その給料については税金がかかるのだ。つまり寺の住職は、税務上は「サラリーマンに過ぎない」のだ。

住職は、その寺の収入のなかから毎月、決まった額を給料としてもらうことになっている。その給料には当然、税金がかかり、寺は会社と同じように住職の給料から税金を天引きして、税務署に納めなければならないのだ。

しかし寺の多くは、住職が「経営者」となっており、会計などは住職の意のままである。

寺の会計報告や申告書などは、税務署に提出しなくていいのか？

じつは、宗教法人の税務申告は次のようになっている。

収益事業を営む公益法人は、毎事業年度終了後2か月以内に確定申告書を所轄の税務署長へ提出しなければならない。つまり宗教活動のほか、駐車場や不動産、物品販売などの「収益事業」を行っていれば、税務署に申告書を出さなければならない。

その確定申告書には、収益事業に係る貸借対照表および損益計算書だけでなく、収益事業外の全体の貸借対照表および損益計算書を提出しなければならないこととなっている。つまり、「収益事業」を営んでいる宗教法人は、その宗教法人全体の貸借対照表と損益計算書を添付しなければならないのだ。

ところが裏を返せば、収益事業を行っていない宗教法人はその必要はないのだ。

本来、宗教法人は、その事業年度の収支計算書を原則として、事業年度終了の日から4か月以内に所轄の税務署長に提出しなければならない。

が、年間収入8000万円以下の小規模な法人などについては、収支計算書の提出を要しないこととしている。そして8000万円の収入金額は、事業年度ごとに計算した基本財産などの運用益、会費、寄付金、事業収入などの収入の合計額によるものとされ、土地建物などの資産の売却による臨時的に発生する収入は8000万円の判定に含めないこととされている。つまりは、普通の年間収入が8000万円を超えなければ、申告書を出す必要はないのだ。

寺などの小さな宗教法人は、この8000万円ルールに守られ、申告も収支計算書の提出も不要とされているのだ。

寺の会計などは一応、檀家などがチェックすることになっていたりはするが、それも形式的なものである。

だから住職が寺のお布施の一部を抜いても、誰にも気づかれないし、とがめられることはない。それは当然、脱税となる。

なぜ小さな寺の住職がベンツに乗っているのか？

辺鄙《へんぴ》な寺の住職が、ベンツなどの高級車に乗っているのを見たことがないだろうか？

よくテレビ番組などでも、地方の古い寺の住職がありがたい話を聞かせた後、高級車で芸能人をどこかに案内する様子が出てきたりする。そういうのを見て、異和感を感じた人も多いだろう。

なぜ寺の住職が高級車に乗ることができるのか、と。

そこには宗教法人特有の経済システムがあるのだ。

そもそも寺の住職は経済的に非常に恵まれている。

住職の住居は寺のなかにあるので、住居費はほとんどかからない。普通の民間企業で会社から住居を提供されれば、その住居費は給料と同じ扱いをされ課税される。しかし住職の場合、「そこに住むのも宗教活動の一環」とみなされ、非課税とされているのだ。

そして、もし住居に不具合があれば、寺のお金で修繕したりできる。家具などの調度品も、寺の金から出すことができる。日々の生活でも光熱費などは、お寺と同じ建物なので、相当部分は寺の金で出しているものと思われる。

食べ物も檀家からもらったりするものもけっこう多いので、普通の人よりは食費は安いはずだ。また住職が乗っている車のほとんどは寺の金で買ったものである。高級車なども、じつは寺の金で買ったものであり、住職は一銭も払っていないのである。

つまり住職の生活は大半は、寺のお金で賄《まかな》っているのだ。

そして寺というのは、けっこう収入が多いものなのだ。

信心深い檀家ではないごく「普通の家」でも、年に数回は法事などをする。1回あたりだいたい5000円以上のお布施がもらえる。つまり一つの檀家から年間数万円の収入をえることができるのだ。檀家が200人もいれば、定期的な法事だけで、300万〜400万円の収入がえられる。

しかも、お葬式という臨時収入もある。葬式のお布施や戒名などは、普段のお布施よりも1桁、2桁違ってくる。それらの収入を合わせれば、檀家が200人もいれば十分にやっていけるのだ。

地方の辺鄙な寺の住職がベンツに乗っていたりするのは、このためなのだ。

金閣寺の住職の脱税

寺の住職が脱税の常習犯だということをこれまで述べてきたが、それを象徴するような申告漏れ事案がある。

それは2011年2月に報道された、金閣寺の住職の申告漏れである。

この住職は、京都仏教会理事長で金閣寺、銀閣寺の住職も務める臨済宗相国寺派の有馬頼底《らいてい》管長である。

有馬管長は人に頼まれて掛け軸に揮毫《きごう》などをしていたが、この揮毫でえた報酬を申告していなかったという。その額は、過去5年間で約2億円にものぼる。有馬管長はいわば日本の宗教界のドンである。そのドンが2億円もの所得を申告していなかったのだから驚きである。

有馬管長によると、揮毫の報酬は申告しなくていいと思っていたそうである。なので過去20年もの間、揮毫の報酬は申告していなかった。実際、この住職は所得を隠したりなどの不正工作はしておらず、申告していないだけだったのだ。

それにしても、なぜ有馬管長は2億円もの巨額な報酬を「申告しなくていい」と思っていたのだろうか？

日本の税法では、どんな形であれ、収入があれば課税されるようになっている。ましてや2億円もの金をもらっていれば、税金がかかるのは当たり前の話である。この住職も、まったく税金がかからないとは思っていなかったはずである。

なので、なぜ有馬管長は申告をしていなかったのか？

そこに宗教の税金の闇があるのだ。

有馬管長は、東京の美術品販売会社などから直筆書の掛け軸や額などを販売したいとの依頼で、年間数100点以上も揮毫していた。美術品販売会社では、その掛け軸を1点40万円で販売していた。業者は有馬管長に「代金」を払うのではなく、「志納金《しのうきん》」という名目で支払っていた。

この志納金とは、本来は確かに非課税である。何度かふれたように現在の税法では、宗教法人が宗教活動において信者や檀家から寄進などをうける場合、非課税とされている。だから有馬管長が志納金を非課税だと考えていたのは、無理のないことである。

しかし有馬管長の場合、これが単なる志納金ではなかったのである。

本来、志納金は宗教法人に納めるべきものである。志納金は、宗教法人が宗教活動でえたものという建前があるからだ。だから有馬管長の揮毫料も本来は金閣寺、銀閣寺などに納められるべきものである。しかし有馬管長の揮毫料は、宗教法人の帳簿には記載されておらず、「簿外」となっていた。そしてこの揮毫料は、有馬管長が管理していたのである。

これは、住職が檀家からもらったお布施を寺に入れずに、自分のポケットに入れてしまうのと同様の行為である。

有馬管長は、この揮毫料は文化財の買い戻しなどに使ったと弁明しているが、それは宗教法人としてやればいいことである。有馬管長が志納金を個人管理する必要性はない。

そもそも揮毫などというものは個人が依頼するものであり、正式な商取引ではない。報酬はきっちり決められているわけではなく、お互いが暗黙のうちにだいたいの相場で支払われるものである。

宗教の世界には、そのような「あいまいな取引」が多数存在する。たとえば住職が仏壇や仏具の購入の世話をしたりするケースはけっこうある。この場合に、仏具店や檀家からお礼のようなものが出たとき、それを申告しないケースも多々あると見られている。仏具の斡旋《あっせん》だけではなく、葬儀社や墓地の斡旋なども住職が行うことがあるが、その際にもあいまいな取引は多々ある。

あいまいな取引であっても、収入が発生すればそこには必ず税金がかかる。しかし宗教界では、この「あいまいな取引」はどうせ発覚しないだろうと申告してこなかったのだ。

また国税当局のほうも宗教界のあいまいな取引について、それほど厳しく追及してこなかった。相手は宗教なので下手に追及すれば、「宗教弾圧」などと批判されかねないからだ。

しかし昨今、宗教法人に対する税の優遇措置に世間の批判も高まっており、国税としても、「ここはきっちり取るべきだろう」ということで、仏教界のドンともいえる金閣寺の住職に切り込んだのだろう。

宗教法人を利用した葬儀社の脱税スキーム

宗教法人問題には、「宗教法人の優遇措置を悪用した脱税」もある。

これは一般の企業が宗教法人を買い取り、宗教活動をしているように見せかけて、税制優遇措置を受けるものである。

たとえば、2006年の春に発覚した東京の大手葬儀社の所得隠しがある。

この葬儀社の所得隠しの手口とは、簡単にいえば休眠している宗教法人を買い取り、そこに脱税マネーを蓄積させていたのだ。

この葬儀社は葬儀の際、知り合いの僧侶に読経の仕事を斡旋し、その見返りとしてお布施の一部を受け取っていた。このリベートを自らが買収した宗教法人へお布施として入金していたのだ。

宗教法人は都道府県から認定をされなくてはならず、一般の人が簡単につくれるものではない。信者の数や教典の整備など、さまざまな条件をクリアしなければならない。オウム真理教の事件以降、新規の認定は非常に高いハードルになっている。

その一方、地方の山寺など休眠状態になっている宗教法人も多い。そういう宗教法人は、ただのような値段で買い取ることができる。だから宗教法人格が欲しいものは、比較的容易に入手することができるのだ。

この葬儀社も買収という形で、東京、千葉、神奈川の3つの宗教法人を手にした。

そして前述したように宗教法人が受け取ったお布施には税金がかからないので、僧侶から受け取ったリベートをこの宗教法人に流し込み、所得隠しをしていたのだ。この方法で、7年間に8億円もの所得隠しをしていたのである。

この所得隠しスキームは、税法の抜け穴をついた見事なものだといえる。

そもそも僧侶のお布施というのは、「領収書のいらない取引」で、税務署はその実額を把握しにくい。そのお布施の一部をリベートとして受け取っていたとしても、税務署としては、なかなか気づくものではない。だから脱税の手口がこの時点までだったとしても、かなり発見しにくいものだといえるだろう。

しかし、この葬儀社の脱税はさらに巧妙なのだ。

念入りにも、そのリベートをリベートとして受け取るのではなく、僧侶から宗教法人への上納金というかたちをとったのである。

僧侶がお布施の一部を上部団体に上納するのは、仏教界では常識的な話である。上納されたお布施にも税金はかからない。これは宗教団体内部の処理のことであり、国税当局がとやかくいう筋合いのものではないということなのだ。

つまり、この葬儀社は仏教界では常識的となっているお金の流れを使って巧妙に所得隠しをしたわけである。

ところが国税当局は、この宗教法人に不審を抱いた。理事などの役員が葬儀社の関係者で占められていたからだ。そして、この宗教法人は、実質的に葬儀社の支配下にあるものとされ、宗教活動を隠れ蓑《みの》にした「所得隠し行為」と判断されたわけである。

宗教法人には税制改革が必要

ここまで述べてきたように宗教法人の税制については、さまざまな問題がある。

宗教法人が今後、健全な発展をするためにも、宗教法人の税制は根本から議論されるべきだろう。

宗教法人がなぜ税制上、優遇されているか？

よく「信仰の自由」を根拠としてもち出されるが、それは適切ではない。信仰の自由と税金は別である。収入に対して普通の企業と同様に税金を課したとしても、信仰の自由を脅かすものではない。むしろ税金をきっちり払うことは宗教法人の社会的義務でもあるはずだ。

宗教法人が税制上優遇されているのは、宗教法人は慈善事業などの公益性をもつ活動が多いことも考慮されてのことである。巨大な宗教施設をバンバン建設するために税制優遇されているわけではないのだ。

ここでもち出すのが妥当かどうかはわからないが、天理教などは自発的に市に寄付金を払っている。その額は天理市の歳入の５％にも達している。天理市は、天理教の寄付なしには予算がたてられないほどなのである。

天理教の本拠地がある天理市は、天理教でもっているような市である。天理教の運営による病院、幼稚園から大学までの教育施設、信者用の２６０か所の宿泊施設などが市の根幹をなしている。年間２００万人にも及ぶ参拝者がもたらす経済効果で成り立っているともいえる。

天理教としては、それだけで十分に市に貢献しているという考え方もできるはずだが、市のインフラ等の多くは天理教関連が使用していることで寄付を行っているものとみられる。筆者は天理教が正しくて他の宗教団体が間違っているなどというつもりはない。ましてや教義の内容などには、まったく関知するものではない。

ただ社会に対する姿勢を見たとき、天理教は「大人の対応」をしていると思われるのだ。そして今後、各宗教団体が健全に発展していくためには、「大人の対応」が必要ではないだろうか。

また宗教法人というのは、一部の者が法人のお金を勝手に費消している懸念も絶えない。オウム真理教でもそうだったが、小さな寺でさえそういう事案には事欠かない。それが国民の宗教法人に対する「猜疑心《さいぎしん》」の要因にもなっているはずだ。

その疑いを払拭《ふっしょく》するためにも会計性を透明にし、社会的義務を果たす程度の納税は必要なはずである。

第3章

税金のブラックボックス「公益法人」

公益法人という税金の抜け穴

公益法人という言葉を聞いたことがあるだろう。

この公益法人も税金の抜け穴だらけになっている。

公益法人とは、公益性のある事業を行う団体のことである。

この公益法人がなぜ税金の抜け穴になっているのか？

それは、公益法人には原則として法人税がかからないので、税務署の調査があまり入らない。

そのため公益法人の会計は、内部の人間の意のままになる。つまり「公益法人の金を使いたい放題に使って税金を払わない」となっているのだ。

公益法人の内部の人間も公益法人から報酬や給料をえていれば、所得税、住民税がかかる。

しかし公益法人の内部の人間は、報酬や給料というかたちを取らずに公益法人の金を引き出し、自由に使うのだ。

そのため公益法人の内部の人間は事実上、「多額の報酬をえているにもかかわらず、まともに税金を払っていない」状況がある。

わかりやすい例を挙げたい。

2009年の初頭、漢検協会の「儲け過ぎ」と「不正経理疑惑」のニュースが新聞各紙をにぎわせた。

この事件のあらましを言うと、漢字検定試験などを行っている財団法人「日本漢字能力検定協会」という団体が、本来はあまりお金を儲けてはいけない公益法人にもかかわらず、15億円も利益を上げていて儲け過ぎているとして、文部科学省から調査をされたのだ。

漢字検定というのは、漢字の読み書き能力を等級ごとに試験で検定するものである。1970年から始まったが、1992年に文部省（当時）が認定してから受験者が急増して、現在は英検を越えるほどになっている。

この「日本漢字検定協会」という団体は、大久保昇前理事長とその長男の浩副理事長兼事務局長が実質的に管理していたのだが、この大久保親子が関係する不動産会社「オーク」、情報処理会社「日本統計事務センター」、広告会社「メディアボックス」などに多額の支出があることもわかっている。

また「日本漢字検定協会」は、03年7月には、京都市左京区の閑静な住宅街に、邸宅（延べ１３４８㎡）付きの土地３９６９㎡を約6億７０００万円で購入している。

漢検側はこれを「漢字資料館にする」としていたが、建築物の用途は住宅となっていた。

また04年2月には天龍寺（右京区）の塔頭《たっちゅう》に、３５０万円をかけて供養塔を建てている。

さらに長男の浩前副理事長が代表を務めていた「日本統計事務センター」は、レーシングチームのメインスポンサーになっていて、多額の資金援助をしていたことも判明した。

浩前副理事長はカーレースマニアであり、個人的な趣味の費用を漢検の収益から出しているのではないかという疑惑をもたれている。

まあ、一連のニュースからわかることは、理事長親子がやりたい放題やっていたということである。

また２００７年には財団法人「日本スケート連盟」の申告漏れが指摘されている。「スケート連盟」とは、人気スポーツのフィギュアスケートなどを統括する団体である。「スケート連盟」は、２００６年の6月期までの7年間に約６０００万円の所得隠しがあったとして、東京国税局から追徴課税をくらったのだ。

この申告漏れ事案では、法定限度の7年までさかのぼって追徴されている。追徴課税は、普通は3年、長いときでも5年くらいしかさかのぼることはないので、相当悪質だったというわけだ。

前述したように財団法人は、税務調査を受けることはあまりない。にもかかわらず、なぜスケート連盟が追徴課税をくらったかというと、元会長らが連盟のお金を勝手に引き出して私物化したり、旅行会社から旅行費用を裏でバックさせて裏金にしたりして、それが「背任」の罪に問われていたからだ。この事件にからんで脱税も追及されたのである。

この財団や公益法人は、じつは昔から金持ちの節税アイテムとして利用されてきた。

財団とは民法34条に定められた公益法人であり、まとまった財産を元手にして人材育成、芸術発展、技術開発などの公益事業を行う団体のことである（注・平成20年に公益法人制度改革3法が施行されているが、狭義の公益法人として記述する）。

簡単に言えば、ある財産を社会のために役立てるように管理する団体のことである。

なぜ金持ちの節税アイテムになっているかというと、財団や公益法人は、税金の面で非常な特典をもっているからなのだ。

資産家が財団をつくったり、財団に寄付をするときには税金がかからない。

普通、自分の資産をだれかにあげたりすれば、贈与税がかかってしまう。死後に譲れば相続税がかかる。

しかし財団にあげることにすれば、贈与税も相続税もかからないのだ。つまり金持ちは財団をつくれば、税金を払わずに自分の財産を他の人に移転することができる。

金持ちは、財産をもち続けていればいずれ税金でもっていかれてしまうので、財団をつくって財産を他に移すことはよくあるのだ。

財団に隠された税金のカラクリ

もちろん、ただ財団をつくるだけでは、社会に寄付をするのと同じことなので、まったく節税にはならない。

そこにはもう一つのカラクリがある。

実は財団や公益法人というのは、外部からの指導はほとんどない。

つまり財団や公益法人をつくった場合、事実上、つくった人の意のままになるのだ。

多額の財産を財団にぶちこんでも自分の意のままになるのだから、金持ちとしてはこんなにいいことはない。名目上は財団に寄付した金だが、実質的には自分のお金と同じなのだ。

官公庁も一応、指導をすることになっているが、それも甘いものである。

財団や公益法人は、原則として税金はかからない。だから税務署が彼らをチェックすることはほとんどない。

となると、会計を厳しくチェックする人はだれもいない。

そのため財団や公益法人のお金の使い道は、じつは闇に包まれていることが多い。

財団や公益法人の活動は、その構成員の協議で決められるという建前がある。しかし財団や公益法人の構成員は、創設者の息がかかった人しかいない。

だから実質的に財団や公益法人の活動は、財団をつくった人の思いのままになるのだ。

第三者を入れなくてはならないという法律もなければ、財産の運用をチェックする外部機関もない。

また財団や公益法人の役員や職員には、その財産から給料が払われる。だから身内を財団や公益法人の役員、職員にしておけば、合法的に財産を身内に移転することができる。

さらに財団や公益法人のもち物ということにして、役員に家や車を買い与えることもときどきある。

本来、それだけ給料としてもらえば多額の税金がかかる。しかし財団や公益法人のもち物ということにしておけば、まったく税金がかからずに手にすることができるのだ。

だから上場企業のオーナーは財団をつくる

このように恐ろしく節税効果の高い財団、公益法人という存在だが、ここで一つの疑問がわいてこないだろうか？

財団はそう簡単につくれるものなのか？

もちろん本来は財団をつくるには、さまざまな手続きが必要である。これだけの法的保護を受けられるのだから、そう簡単につくられて良いわけはない。

ところが大金持ちにとっては、ワケもなくできてしまうのだ。

財団や公益法人というのは普通につくろうと思えば大変だが、官庁にコネさえあればつくるのは簡単である。金持ちは官庁にコネをつくることには長《た》けているので、財団や公益法人を難なくつくることができるのだ。

また金持ちのために財団をつくるプロフェッショナルもいる。彼らは官庁と特別のコネクションをもっているので、認可をとって新しく財団をつくったり、新設ができない場合は既存のものを「買収」したりもする。

もちろん本当は財団は公的なものなので、表向きは「買収」などはできない。そのため既存の理事長や役員などに退出してもらうために、退職金という名目で買収金を払うのだ。それで、財団がめでたく手中にできるというわけだ。

このように「財団」は、金持ちにとっては節税アイテムとしてしっかり定着している感すらある。上場企業の創業者などが財団をつくっているケースは腐るほどあるが、それはこういう事情によるものなのだ。

また財団や公益法人は、特権を利用して「大儲け」することも多々ある。漢検などはその典型的なケースである。

「文部省の認定」という特権をもらっていたために、「漢字検定」は金の卵になったわけだ。

官からお墨付きをえているので競争相手もおらず、まさに濡れ手に粟《あわ》で利益をえることができるのだ。

官僚の天下り先としての公益法人

公益法人には、もう一つ大きな問題がある。

それは、公益法人が官僚の天下り先になっていることである。

つまりは税金を使って公益法人をつくり、官僚がそこに天下りし、税金をまともに払わずに金を使いたい放題に使うということである。

二重の税金問題があるのだ。

日本の官庁はあまたの公益法人をつくり、そこに多額の補助金をぶち込んできた。公益法人は全国津々浦々に誕生し、莫大な税金を浪費し続けているのだ。

なぜ官庁は公益法人をつくり続けてきたのか。

日本の公益のことを考えると、それが必要だったからつくったのか？

もちろん、そんなわけはない。

いや、本当に公益のことを考えてつくられた公益法人もないことはない。でもそれは、ほんの一部である。

ほとんどの公益法人は、まったく別の目的でつくられているのだ。

その目的というのは、「キャリア官僚たちの天下り先をつくるため」である。

彼らが、なぜ天下りの方法として公益法人をつくってきたのか、それには彼ら特有の異常な理由がある。

キャリア官僚の場合、同期の1人が事務次官にまで上り詰めたら、他の同期は皆やめるという不文律がある。

別にそう定まっているわけではないが、慣習上そうなっているのだ。つまりキャリア官僚のうちで、定年まで勤められるのは同期の1人だけ。あとは皆、言ってみれば捨て鉢のようなものなのだ。

たった1人の事務次官を出すために数十年競争させ、勝者が決まったら後はみなお払い箱なのである。彼らの官僚生活とは、まるで精子の競争のようなものなのだ。

50歳代前半で役所から放り出される彼らは、再就職が大きな問題となる。

官僚が仕事で関係のあった民間会社に再就職するのは、公務員法で制約がある。官僚で培ったコネクションを再就職に生かすわけにはいかないのだ。またコネクションの使えない元キャリア官僚など、普通の民間企業ではどこも欲しがらない。

だから彼らは自分たちの再就職先をつくるために、せっせと公益法人をつくっているのだ。

公益法人は簡単につくることができる。公益法人の認可は大臣が行うので事実上、官僚の意のままなのだ。

官僚たちは、もっともらしい理由をつけて公益法人をつくる。そして莫大な補助金を投入する。そこに天下り官僚たちが理事として収まる。

公益法人では、官庁よりもはるかに高い報酬や退職金を払うことができる。公務員のように報酬の規定がないからだ。

天下り官僚たちは、それを悪用して2、3年役員として公益法人に入り、莫大な退職金を手にする。1人でいくつかの公益法人を回り、その都度、報酬と退職金をもらう。

こんなことをしていては税金が足りなくなるのは当然なのだ。

なぜ公益法人が天下り先になったのか？

キャリア官僚たちの天下りの歴史は古い。

というよりキャリア官僚という制度ができて、彼らが職を辞する時期が来ると同時に、天下りはすでにできていたといえる。

天下り先は当初、民間企業が使われていた。省庁に関係する企業に天下りし、企業はその見返りに省庁にさまざまな便宜をはかってもらう。

しかしこの民間企業への天下りは、世間の批判を浴びることになる。

そこで次に見つけ出したのが特殊法人への天下りである。特殊法人は、省庁を補うような仕事をする法人で、出資のほとんどを国や公的機関がしていた。つまり天下り先を民間に求めるのはやめ、自前でつくったのだ。

しかし特殊法人への天下りもやがて批判されるようになった。

80年代前半、第二次臨時行政調査会というのがあった。これは故土光敏夫会長を旗振り役にし、財政再建をするために国のいろいろな問題を調査して改善しようという試みだった。

この調査のときに、「民間でできるものは、民間に委託しスリム化しなさい」という指摘をし、特殊法人なども大幅に削るように提言された。

それに対して、「官」は業務を委託すると称して公益法人を大量につくった。そのため公益法人が激増したのである。

非常にわかりにくいが、特殊法人と公益法人にははっきりと違いがある。

特殊法人というのは、言ってみれば国や地方公共団体の外郭団体であり公的機関ということになる。これが、あまりにも巨大化し税金を食うようになったため、世間から叩かれ、縮小を余儀なくされた。

その代わりに使われたのが公益法人なのである。

特殊法人は、国等の出資100%でつくられるものなので簡単につくることはできない。しかも特殊法人バッシングのなかでは、新たに特殊法人をつくるのは、いかに官僚といえども至難の業である。

しかし公益法人は簡単につくることができる。公益法人の認可は事実上、官僚の意のままなのだ。だから特殊法人に対して批判が強まった後、急速に増加したのだ。

公益法人は公的機関ではない。しかし民間企業でもない。その中間といえる。このあいまいな存在が官僚にとって非常に都合のいいものであり、税金無駄遣いの温床、天下りの温床となっているのだ。

公益法人にメスを入れなければ、税金問題は解決しない

公益法人は「たいして必要もない事業に多額の税金を使う」ということは前述した。しかしその他にも公益法人の害はたくさんある。

その最大のものは、コネクションがある者が通常では考えられないような有利な商売をできるということである。

公益法人というのは、官僚にとっては簡単につくれるものであるが、民間人が一から公益法人をつくることは難しい。

公益法人をつくるには、けっこうな費用がいる。

最低でも数億はかかるといわれている。公益法人と認められるまでの体裁をつくろわなければならないからである。

そして公益法人をつくるには、なにより官庁に対してコネクションが必要である。つまり金があって、官庁にコネがある者しか公益法人はつくれないのだ。

公益法人は、国が大量にばら撒いている補助金の受け皿になっている。

たとえば、国がメタボリック問題について対策費を計上する。するとメタボリック問題を扱う公益法人などをいくつかつくる。メタボリック対策費は、この公益法人を通して、メタボリックを研究している医療機関などに配布される。もちろん計上された対策費が全額医療機関に渡されるわけではなく、間に入った公益法人がピンハネするわけだ。

このような方法で予算を計上するごとに公益法人をつくり、ピンハネしているのだ。

また公益法人には、「独占営業権」をもらうタイプのものもある。

たとえばテレビの放送を地上波から衛星波に変える際、その作業を行うために公益法人をつくる。その公益法人は、無競争で独占的にその事業を行うことができる。放送関係者は衛星波への移行には、その公益法人のサービスをえなければならない。やむをえず高い会費や手数料などを払う。そうやって、労無くして多額の収入をえることができるのだ。

冒頭に紹介した「漢検」などもこのタイプである。

つまり官僚と「金があってコネがあるもの」が「補助金」と「独占営業権」で潤う、それが公益法人なのである。

第4章

富裕層の税金の抜け穴

抜け穴だらけの富裕層の税金

今、日本でもっとも税金を払っていない奴らは誰か？

それは富裕層である。

そういうと、「日本の富裕層の税率は、世界一高いのではないか」と反論する人もいるだろう。

インターネットの掲示板などでも日本の富裕層は世界一高い所得税を払っている、という意見をよく目にする。

しかし、これはまったくデタラメである。

確かに日本の所得税の税率は世界的に見て高い。

しかし、これにはカラクリがある。

日本の富裕層の所得税にはさまざまな抜け穴があって、名目税率は高いのだけれど実質的な負担税率は驚くほど安いのだ。

むしろ日本の富裕層は先進国で、もっとも税金を払っていないといえるのだ。

主要国の個人所得税の実質負担率（対国民所得比）

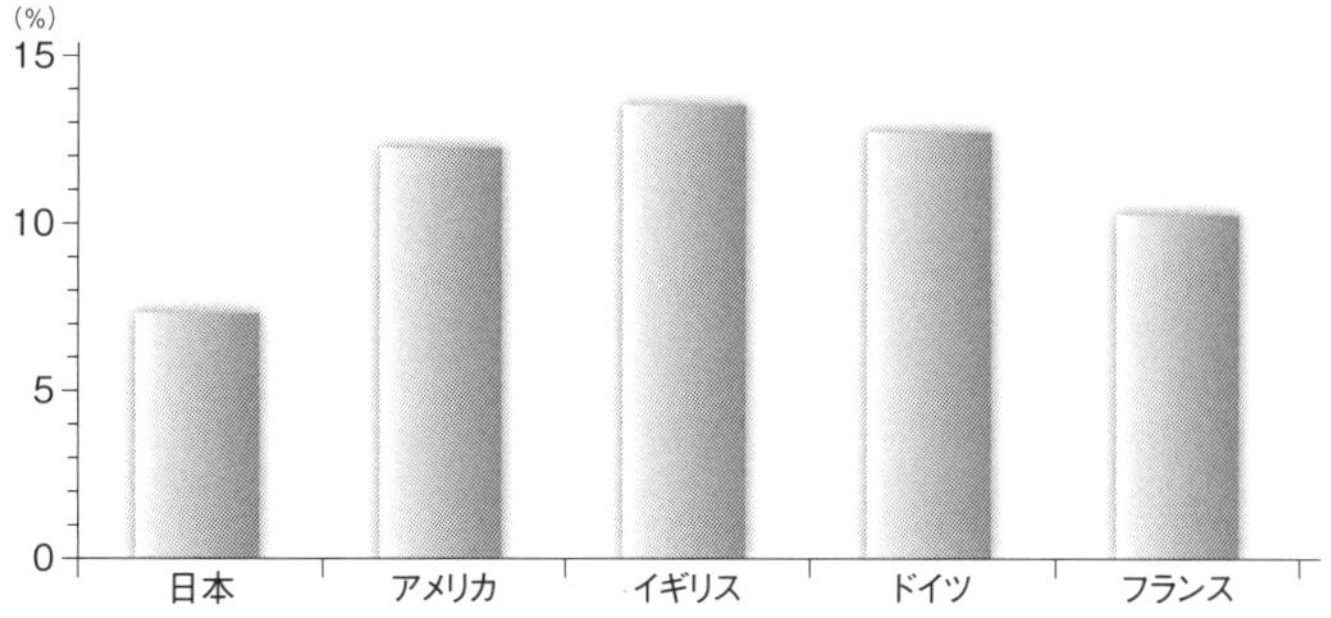

世界統計白書2012年版より

わかりやすい例を示そう。

上のグラフを見てほしい。

これは、先進主要国の国民所得に対する個人所得税負担率を示したものである。

つまり国民全体の所得のうち、所得課税されているのは何%かを示したものである。国民全体の所得税の負担率を示しているといえる。

じつは日本はこれがわずか7・2%である。

主要国のなかでは断トツに低い。

アメリカ、イギリス、ドイツ、フランスはどこもGDP比で10%以上の負担率がある。イギリスにいたっては13・5%で、日本の約2倍である。

個人所得税というのは、先進国ではその大半を高額所得者が負担しているものである。国民全体の所得税負担率が低いということ、すなわち「高額所得者の負担が低い」ことを表しているのだ。

これはつまり日本の富裕層は、先進国の富裕層に比べて断トツで税負担率が低いのである。日本の富裕層の名目の税率は高くなっているけれど、実際に負担している額は非常に低くなっているのである。

日本の富裕層の税金はアメリカの半分以下

日本の富裕層が、いかに税金を払っていないかというのはアメリカと比較すれば、もっともわかりやすい。

次ページの表は、アメリカと日本の所得税の比較である。

最高税率を比べれば、日本は45%、アメリカは37%なので、日本は8ポイントも高くなっている。最高税率というのは富裕層に課されるものである。だから最高税率だけを見れば、日本の富裕層は高い所得税を払っているような気がするかもしれない。

では、実際に支払われた税額を見てみたい。

日本の所得税収は、わずか18・7兆円に過ぎない。

日米の所得税比較

	アメリカ	日本
所得税率（最高税率）	**37%**	**45%**（2009年当時）
所得税額（2021年度）	**1兆9290億ドル**（約200兆円）	**18.7兆円**

一方、アメリカの所得税収は、約２００兆円である。

なんと日本の所得税収はアメリカの10分の1以下しかないのだ。

日本の経済規模はアメリカの4分の1なので、明らかに日本の所得税収は低すぎるのだ。経済規模を考慮しても、日本の所得税収はアメリカの半分以下といえる。

最高税率はアメリカより8ポイントも高いのに、なぜ所得税の税収は2分の1以下になっているのだろうか？

富裕層はたくさん税金を払っているけれど、貧乏人が税金を払っていないから、日本の税収は低い？

それは違う。

アメリカで収入のある人のうち46％は、所得が低いということで所得税を免除されている。

しかし日本は収入のある人のうち、所得が低いとして所得税を免除されているのは20％以下なのだ。

またアメリカでは、高額所得上位10％の人が税収の70％を負担している。

つまりアメリカの高額所得上位10％は、140兆円程度の所得税を負担しているのだ。

ところが、日本は上位10％の人は60％しか負担していない。わずか10兆円ちょっとである。

負担割合から見ても、アメリカの富裕層は日本よりも多くを負担しているのだ。

名目の税率は日本の金持ちのほうが高いのに、実際の税負担はアメリカの半分以下ということは、いかに日本の金持ちの税金が抜け穴だらけか、ということである。

日本の富裕層は世界でいちばんケチ

アメリカの富裕層は、日本の富裕層よりはるかに良心的である。

アメリカの著名な投資家で大富豪のウォーレン・バフェット氏が「自分たち富裕層からもっと税金を取れ」と主張をしたのは有名な話である。

当時、アメリカでも投資家への特別減税を実施していて、中間所得層よりも投資で大儲けしている人のほうが税金が安いという状況が生じていた。それに対して、もっとも恩恵を受けたはずの投資家から、自分たちの税金を上げろという声が出てきたのである。

アメリカという国は、なんやかんや言って、そういう部分がある国である。

またアメリカの富裕層はたいがいの場合、慈善事業に巨額の寄付をしている。アメリカには寄付文化があるからだ。

その寄付金は、年間20兆円の規模があるとされている。20兆円というと、日本の国税収入の約半分である。

それが慈善事業などに回るのである。

一方、日本の投資家から、そういう話が出たことは一切ない。ホリエモンにしろ、財界の連中にしろ、もともと安い税金をさらに安くしようと血眼になるばかりである。

アメリカの富裕層の半分以下しか税金を払っていないのに、自分から「税金を取れ」と言ってきた人はほとんどいない。寄付もあまりしない。

そのために、個人金融資産が１５００兆円にも膨れ上がったのである。

彼らの資産を有効活用することが、今の日本経済の最大課題といえるのだ。

もし日本の富裕層がアメリカ並みの税金を払えば、どうなるか？

アメリカの所得税の税収はＧＤＰの７％前後なので、もし日本もそれくらいの税収になれば、６００兆円×７％＝42兆円である。

今より20兆円以上も税収が増えるのだ。

消費税を1％増やしても、増える税収は2兆円弱である。

消費税を増やすべきか、富裕層の所得税をきちんと取るべきか、猿でもわかる話だろう。

年収数億円の社長の税負担は、フリーターより安い

日本の富裕層の税金が、いかに抜け穴だらけであるかを簡単に説明したい。

岩波新書の『日本の税金』（三木義一著）では、所得1億円までは税負担率が上がっていくが、1億円を超えると急激に税率が下がるというデータが載せられている。所得1億円の人の実質税負担率は28・3％なのに、所得100億円の人は13・5％まで下がるのだ。

つまり、大金持ちほど税負担が少なくなるということである。13・5％というと、サラリーマン1年生よりも少ない。下手をすると、フリーターよりも安いかもしれない。

このデータは、政府の諮問機関である日税専門家委員会に提出された資料で、公的にも認められたものである。

なぜ所得が高い人の実質負担率が下がるかというと、実は日本には配当所得に対する超

年収5億円配当収入者と年収200万円フリーターの税負担

	年収５億円の配当収入者	年収200万円のフリーター
所得税、住民税	約20%	約６%
社会保険料	約0.5%	約15%
収入に対する消費税負担率	約１%	約８%
合計	約21.5%	約29%

現行税制に照らし著者が作成

優遇税制があるからだ。

配当所得は、どんなに収入があっても所得税、住民税合わせて一律約20%でいいことになっている。これは平均的サラリーマンの税率とほぼ同じである。

これは配当所得を優遇することで、経済を活性化させようという小泉内閣時代の経済政策によるものだ。

そして金持ちは、自分の収入を持ち株の配当に集中させていることが多い。たとえばトヨタの会長も、会社からもらう報酬はそれほど高くなく、持ち株からの配当収入が主になっている。

つまりは、自分の高額な収入を税率の安くなる方法で受け取っているのだ。

また日本国民には、税負担と同様に社会保険料の負担がある。社会保険料というのは日本の居住者であれば、一定の条件のもとで必ず払わなくてはならないものである。そして社会全体で負担することで、社会保障を支えようという趣旨を持っており、まさに税そのものなのだ。国民健康保険の納付書などには「国民健康保険税」と記されている。

今、国民の多くは、社会保険料の高さに苦しんでいる。

しかし、しかし、富裕層の社会保険料の負担率は驚くほど低い。5億円の配当収入者ではわずか0・5%に過ぎない。

それやこれやで金持ちの税負担、社会保険料負担は、フリーターよりも安くなっているのだ。

億万長者の社会保険料負担率はわずか1%

前項で富裕層の社会保険料負担率は非常に低いことに触れたが、それについてもう少し詳しく説明したい。

筆者は、日本の税制が近年いかに富裕層を優遇してきたかを述べてきた。しかし今の富裕層優遇制度は、税制だけからは測ることはできない。

国民にとって税金と同様の負担である社会保険料も含めたところで、考えなくてはならない。そして社会保険料の負担率を加味した場合、「富裕層優遇」が、さらに鮮明になるのだ。

社会保険料は年々上がり続け、税金と社会保険料を合わせた負担率は40%にのぼっている。これは実質的に世界一高いといえる。

「日本は少子高齢化社会を迎えているのだから、社会保険料が高くなるのは仕方がない」

国民の多くは、そう思って我慢しているはずだ。

しかし、億万長者（1億円以上の収入がある者）の社会保険料の負担率は、わずか2%以下である。

現在の社会保険料は、原則として収入に一律に課せられている。たとえば厚生年金の場合は約8%である。

しかし社会保険料の対象となる収入には上限がある。

たとえば厚生年金の場合は月65万円である。

つまり65万円以上の収入がある人は、いくら収入があろうが65万円の人と同じ額の保険料しか払わなくていいのである。となると、毎月650万円もらっている人の保険料は、0・8％になる。普通人の10分の1である。

つまり社会保険料は一定の収入を越えれば、収入が多ければ多いほど社会保険料の負担率は下がるのだ。

税金と社会保険料を合わせた負担率は、年収1億円以上の人がだいたい約52％、平均年収（約500万円）の人が約44％となっている。億万長者と平均年収者の負担率は10％も変わらないのである。

なぜこんなことになっているか？

社会保険料の掛け金があまり多くなると見返りのほうが少なくなる、というのが表向きの理由である。

しかし、そもそも社会保険料は「国民全体の生活を保障するために、各人が応分の負担をする」ものである。

だから人によっては、掛け金よりもらえる金額が少なくなっても当たり前なのである。掛け金に応じて見返りがあるのなら、それは社会保険ではなく、ただの金融商品である。だから富裕層の社会保険料率が低いのは絶対におかしいのだ。ここでも「富裕層はうるさいから優遇されている」という現実があるのだ。

富裕層が普通に社会保険料を払えば年金問題はすぐに解決する！

現在の年金問題で、まず真っ先にやらなくてはならないのは、富裕層の社会保険料の負担率を他の人と同じ率に引き上げることである。

もし富裕層が普通に社会保険料を払えば、年金の財源などはすぐに賄《まかな》えるのである。

国税庁の2023年の民間給与実態調査によると、サラリーマンで年金保険料の上限を超える人（年収800万円超）は10・9％もいるのだ。

これらの人が他の人と同率で年金保険料を払うならば、概算でも5〜10兆円程度の上乗せとなる。

現在、年金保険料収入は25兆円前後なので、一挙に2割から4割増しになるのだ。

しかもこれはサラリーマンだけのことであり、自営業者や配当所得者、不動産所得者の社会保険料もきっちり上乗せすれば、10兆円を超える財源が確保できるはずだ。

これだけ社会保険料収入が上がれば、年金の財源問題はほとんど収束する。

社会の恩恵をもっとも受けているのは富裕層なのである。彼らは日本の社会が安定し、順調に経済運営が行われているからこそ富裕層になれたのである。

だから社会保障に対して、相応の負担をしなければならないのは当たり前のことである。年金問題の解決には、まずは富裕層の社会保険料の負担を引き上げるべきである。ほとんどの国民は、それに異論がないはずだ。

バブル崩壊以降、富裕層には大減税が行われてきた！

信じがたいことかもしれないが、高額所得者の税金は、ピーク時に比べれば40％も減税されてきたのである。

昨今の日本は景気が低迷し、われわれは増税や社会保険料の負担増に苦しんできた。当然、富裕層の税金も上がっているんだろうと思っている人が多いだろう。

しかし、じつは富裕層の税金は、ずっと下がりっぱなしなのである。

この流れを見れば、政府はわざと格差社会をつくったとしか考えられない。

富裕層の減税の内容を説明しよう。

1980年と2024年の所得1億円の人の税率の違い

	所得税	住民税	合計負担額
1980年	75%	13%	88%
2024年	45%	10%	55%

上の表のように所得が1億円の人の場合、1980年では所得税率は75%だった。しかし86年には70%に、87年には60%に、89年には50%に、そして現在は45%まで下げられたのである。

また住民税の税率も、ピーク時には18%だったものが今は10%となっている。

そして、この減税分はほぼ貯蓄に向かったといえるだろう。富裕層というのは、元からいい生活をしているので収入が増えたところでそれほど消費には回されない。だから減税されれば、それは貯蓄に向かうのだ。

その結果、「景気が悪いのに個人金融資産が激増」ということになった。

相続税も大幅に減税された

富裕層が優遇されているのは所得税だけではない。

相続税の最高税率の推移

	1988年まで	1991年まで	1993年まで	2002年まで	2003年以降	2015年以降
最高税率	**75%**	**70%**	**70%**	**70%**	**50%**	**55%**
対象者	5億円を超える遺産をもらった人	5億円を超える遺産をもらった人	10億円を超える遺産をもらった人	20億円を超える遺産をもらった人	3億円を超える遺産をもらった人	

遺産を1億円もらった人の相続税

平成3年 ――――― 3480万円
平成25年 ――――― 2300万円

遺産を10億円もらった人の相続税

平成3年 ――――― 6億2980万円
平成25年 ――――― 4億5300万円

あまり語られることはないが、相続税はこの20年間に大幅に減税されているのだ。

上の表のように、相続税の税率は１９８８年までは75％だったのが、２００３年では50％にまで下げられている。

２０１４年の税制改正で若干、増税され55％になったが、まだバブル前よりは20ポイントも低い。

相続税がなぜこれほど減税されてきたかというと、「相続税は高すぎる」として有識者や富裕層が主張してきたからである。

現在の相続税の最高税率は55％である。「資産の55％も税金で取られるのはかわいそうだ」などと思う人もいるだろう。

しかし、ここにも数字のトリックがある。

富裕層や税務当局は、相続税の〝55％〟という税率だけをもち出し、〝高すぎる〟と主張してきた。

しかし相続税の全貌を知れば、それが高すぎるとは絶対に思われないはずだ。

普通の人は、「相続税の税率は55％」と言われると、遺産の55％が税金でもっていかれるような印象をもつはずだ。

つまり、55％というのは名目上のことであって、実際には驚くほど税金は低いのである。

相続税は、かなり大きな財産をもらわないとかかってこない税金である。

現在（平成27年度以降）、基礎控除が3000万円あり、それに遺族1人当たり600万円の控除がある。簡単にいえば、最低でも3600万円以上の遺産相続がなければ課税されないのだ。

また相続税というのは、遺産の額によって段階的に税率が引き上げられることになっていて最初は10％からである。だから今の税法では5000万円程度の遺産相続をしても、10～15％しか税金はかかってこないのだ。

相続税の最高税率「55％」のカラクリ

平成27年の税制改正では、相続税の課税対象者が広がるとともに最高税率が上がった。これまで最高税率は50％だったのが55％になったのだ。

これに関して筆者は、最高税率はもっと上げるべきだと思っている。課税対象者を広げるより、最高税率をもっと上げるべきだ。

課税対象者を広げるとは、今までより広く浅く税金を取るということである。しかし現在の日本は、一部の富裕層への富の集中化が進んでいるので、広く浅くではなく、狭く深く税金を取るべきだ。

この20年間、相続税は下げられっぱなしだった。前述したように1988年までは75％だったのが、2003年では50％にまで下げられている。平成27年の税制改正で若干増税され55％になったが、まだバブル前よりは20ポイントも低い。

バブル崩壊以降、財源不足を理由に消費税が導入増税され、社会保険料も上げ続けられたことを考えれば、相続税だけがこれほど下げられたのは不可解なことである。それも含め、今の相続税が低すぎるなんてことは絶対にない。

あまりマスコミなどで報じられることはないが、昨今、富裕層の減税をしすぎたために、億万長者が激増している。それは外資系証券会社などの発表データでも表れているし、国税庁のデータでも表れている。

バブル崩壊以降、日本人の多くは「日本経済全体が苦しいんだ」と思い込んできた。しかし、そうではないのだ。ほとんどの国民は収入が下がり、資産を減らしているなかで、富裕層だけが肥え太ってきたのだ。

その大きな要因の一つが相続税の減税だといえる。

昨今、中間層以下のサラリーマンは、社会保険料の増額や消費税の増税で大きなダメージを受けてきた。しかしその間に、資産家たちは相続税を20ポイントも下げられていたのだ。

こういう税制が格差社会を生んだと言っても過言ではない。

遺産10億円もらっても実際の相続税負担率は25%程度

相続税に関しては、よく高いか低いかという議論がなされる。

ところが実際の納税額を見てみれば、相続税は決して高くはないことがいえる。

前述の通り、現在の相続税の最高税率は55%である。この55%という数字だけを見ると、相続税は高いように感じるかもしれない。しかし相続税の全貌を知れば、それが高すぎるとは絶対に思われないはずだ。というのも、相続税には、あれやこれやの抜け穴があり、実際の税負担は非常に低いのである。

普通の人は、「相続税の税率は55%」と言われると、遺産の55%が税金でもっていかれるような印象をもつ。

しかし55%というのは名目上のことであって、実際には驚くほど税金は低いのだ。

次ページの表を見てほしい。

相続税というのは、もらった遺産により段階的に税率が上がっていくことになっている。

相続税の最高税率55%が課せられる人は、6億円の遺産がもらえる超富裕層である。こ

【平成27年1月1日以後の場合】相続税の速算表

法定相続分に応ずる取得金額	税率	控除額
1,000万円以下	10%	−
3,000万円以下	15%	50万円
5,000万円以下	20%	200万円
1億円以下	30%	700万円
2億円以下	40%	1,700万円
3億円以下	45%	2,700万円
6億円以下	50%	4,200万円
6億円超	55%	7,200万円

の6億円とは、遺族全体の話ではない。遺族1人ひとりが6億円以上の遺産をもらった場合のことである。だから、最高税率の55%がかかる富裕層は、数十億以上の遺産をもらったものに限られる。

「普通の富裕層」くらいでは、相続税はせいぜい10〜20%程度しかかかってこないのだ。

たとえば、10億円の遺産をもらった遺族を例にとってみたい。法定相続人は、妻と子供２人である。この家族構成はほぼ平均的な相続ケースである。

この遺族の相続税はいくらかというと……。

妻が遺産の半分をもらった場合、その分は相続税はまったくかからない。つまり妻は5億円の遺産をもらっても相続税は無料なのである。

もう半分を子供2人で分け合った場合、1人あたりの相続財産は2億5000万円である。2億5000万円に対してかかる相続税は8550万円である。これが2人なので1億7100万円である。

つまり10億円の資産をもらっても、この遺族は合計で1億7100万円しか相続税は払わずに済むのだ。わずか17・1%である。

しかも、これは遺産を全部、現金や預貯金などでもらった場合の話である。遺産が不動産などだった場合は、さらに安くなる。居住していた家を遺産として受け取った場合、だいたい評価額は6分の1に軽減される。

だから、実際の相続税額は1億円を切ることがほとんどである。10億円の遺産に対して、10%以下の税金で済むのだ。

これを見たとき、相続税の最高税率はもっともっと上げてもいいといえるだろう。

そもそも富裕層の資産というのは、日本の国から取得したわけであり、日本という国の治安が良く、産業力もあったからえることができた資産である。

その人の努力だけで獲得したものではないのだ。

だから一定の資産を死んだときに国に返すのは、国民として当たり前のことである。そうしないと貧富の差が次世代に引き継がれることになる。

この20年間、相続税が減税されてきた理由

それにしても、この20年間、相続税の最高税率が下げられてきたことに疑問をもたれないだろうか？

日本は民主主義の国である。

日本の年間の死亡者のうち相続税が発生する資産家は、これまではわずか４％に過ぎなかった。

つまり全国民のうち、相続税を払う義務があるのは４％しかいないということである。相続税とは、日本の資産ピラミッドの頂点の４％の人たちだけにかかる税金なのである。平成27年の税制改正で課税対象者が１・５倍程度になると見られているが、それでも国民の６％に過ぎない。

日本は民主主義の国なのに、なぜこのような少数の人たちが異常に優遇されてきたのだろうか？

なぜ数%の人にしか課せられない相続税が減税され続け、大多数の国民に課せられる社会保険料などが増額され続けてきたのだろうか?

その答えは、じつは簡単である。

国の中枢にいる国会議員には資産家が多い。

国会議員は表向きの資産は少ないが、親や親族などは莫大な資産をもっているケースが多い。

故安倍元首相しかり、鳩山兄弟しかり、小泉元首相しかり、田中真紀子氏もそうである。

相続税は彼らに直結する税金である。

また、国会議員らが資金源としている「財界」の連中も、やはり大富豪ばかりである。

国会議員は、彼らの機嫌を取らなければやっていけない。

だから相続税は減税され続けてきたのだ。

第5章

開業医の超優遇税制

富裕層の多くを占める「開業医」

富裕層がまともに税金を払っていない、そして富裕層の税金には抜け穴がたくさんあることは前述した。

富裕層の税金の抜け穴の代表的なものの一つが、開業医の税金である。

開業医というのは富裕層における代表的な職業である。

『富裕層の財布』（三浦展著、プレジデント社）という本で紹介されている２００６年に行われた富裕世帯３万人のアンケート調査では、富裕層の男性でもっとも多い職業は開業医で26・３％となっている。

実に金持ちの４分の１が開業医なのだ。

会社経営者も31・５％だったが、これにはラーメン店の店主もＩＴ企業の社長も含まれるので、同じ職業として扱うには乱暴すぎる。職業という括《くく》りで見るならば、医者が圧倒的に多いといえる。

開業医が高額の収入をえていることは、厚生労働省のデータでもわかる。平成19年の医療経済実態調査では、医者の月収は次のようになっている。

開業医（医療法人の院長）の平均月収　２５９万１６９７円
国立病院の院長の平均月収　１４５万１７２２円
国立病院の勤務医の平均月収　１１１万９０１円

開業医は、平均値がすでに金持ちの条件（年収3000万円以上）を満たしているのだから驚きである。

普通の医者も世間一般と比べれば高額だが、開業医はさらにそれの倍以上である。

なぜ日本の開業医がこんなに金持ちなのか、病院ってそんなに儲かるものなのか不思議に思われないだろうか？

最近は、公立病院などの医者のなり手がなくて困っているという話もある。

なのに、なぜ開業医はそんなに儲かっているのか？

開業医には巨大な税金の抜け穴が存在するのだ。

開業医は、税制や収入面でさまざまな優遇制度をもっており、それが彼らが金持ちになっている最大の要因なのである。

開業医の税金の抜け穴

開業医は税金に関して非常に優遇されている。

社会保険診療報酬の72％を経費として認められているのだ（社会保険診療報酬が2500万円以下の場合）。

簡単に言えば、「開業医は収入のうちの28％だけに課税をしましょう。72％の収入には税金はかけませんよ」ということである。

本来、事業者というのは（開業医も事業者に含まれる）、事業でえた収入から経費を差し引きその残額に課税される。

しかし開業医は、収入から無条件で72％の経費を差し引くことができるのだ。実際の経費がいくらであろうと、である。

開業医の税制優遇制度は以下の表の通りである。

開業医の税金の特例

社会保険収入	算式
2,500万円以下	社会保険診療報酬×72％
2,500万円超　3,000万円以下	社会保険診療報酬×70％＋50万円
3,000万円超　4,000万円以下	社会保険診療報酬×62％＋290万円
4,000万円超　5,000万円以下	社会保険診療報酬×57％＋490万円

たとえば社会保険診療報酬が５０００万円だった場合は、経費は次のような計算式になる。

５０００万円×57％＋４９０万円＝３３４０万円

→自動的に経費になる

この３３４０万円が自動的に経費として計上できるのだ。

収入の約67％にもなる。

つまり実際には経費がいくらかかろうと、この医者は収入の67％を経費に計上できるのだ。

医者というのは技術職であり、物品販売業ではない。材料を仕入れたりすることはほとんどないので、仕入経費などはかからない。だから基本的にあまり経費がかからないのである。

普通に計算すれば、経費はせいぜい30～40％くらいである。にもかかわらず67％もの経費を計上できるのだ。税額にして500万円～900万円くらいの割引になっているといえる。

開業医が儲かるはずである。

この制度は世間の批判を受け、縮小はされたが廃止されることなく現在も残っている。

なぜこういう制度ができたかというと、かなり古い話になる。

終戦直後、まだ日本が貧しい時代のことである。当時、社会保険が不十分だった日本は、医者に対する診療報酬は満足に払えなかった。

そこで昭和29年に、「社会保険診療報酬の額が少ないから引き上げろ」という要求が医者の側からなされた。

でも原資が不足気味だったので、政府は引き上げに応じなかった。その代わり、診療報酬の28％にしか税金はかけないという措置を暫定的に行ったのだ。

その暫定的な措置が医者の既得権益になってしまい、診療報酬が引き上げられ、医者が十分な収入をえるようになったあとも、この72％ルールは残されてしまったのだ。

開業医には相続税もかからない

前項では開業医の優遇政策について紹介してきたが、さらに極めつきな話がある。

それは、開業医は相続税も事実上、かからないことである。

日本の金持ちの3割を占める開業医だから、相続税も全体の3割くらいは負担してほしいところである。

しかし実際には開業医は、ほとんど相続税を払っていないのだ。別に脱税しているわけではない。

制度上、税金がかからないようになっているのだ。

開業医は、病院や医療機器など莫大な資産をもっている。収入が多いのだから、資産も多くて当たり前である。駅前の病院などは大変な資産価値をもつ場合も少なくない。

これらの資産は、無税で自分の子供などに引き継がれるのだ。

そのカラクリはこうである。

開業医は、自分の病院や医療施設を医療法人という名義にする。

医療法人というのは医療行為をするための団体という建前である。学校法人や財団法人などと同じように、大きな特権を与えられている。

この医療法人をつくるのは、そう難しいことではない。開業医が適当に役員名簿などを作成して申請すれば、だいたい認められる。

個人経営の病院と医療法人の病院がどう違うかというと、実際のところは全然変わらない。医療法人の病院は、ただ医療法人の名義をもっているだけである。

医療法人は、建前の上では「公のもの」という性質をもっている。しかし実際には、その医療法人をつくった開業医が実質的に支配しているし、外部の人間が立ち入ることはできない。

つまり医療法人は事実上、特定の開業医が経営している。

にもかかわらず、医療法人は相続税がかからないのだ。

というのも、医療法人がもっている病院や医療機器は、あくまで医療法人の所有という建前がある。実質的には開業医の所有物なのだが、名目的には医療法人のもち物なのだ。

だから実質上の経営者の開業医が死んで、息子が跡をついだとしても、それは単に医療法人のなかの役員が交代しただけという建前になるのだ。名義上は、息子は父親の資産は何ひとつ受け取っていないことになる。実質的には、息子は父親の財産をすべて譲り受けているにもかかわらず、である。

という具合に、開業医は相続の面でも非常に恵まれているわけだ。

5浪、6浪をして医学部を目指している医者のバカ息子の話をときどき聞いたことがあるだろう？

これは、6浪したって開業医になれば、十二分に元が取れるからなのだ。

なぜ開業医はお金持ちなのか？

開業医は税金の優遇制度のほかにも、さまざまな優遇制度をもっている。

そんなにたくさんの患者が押し掛けているように見えない開業医が高級なベンツなどに乗っているのは、その優遇制度のためなのだ。

なぜ開業医はそのような優遇制度をもっているのか？

じつは、開業医は強力な圧力団体をもっている。

かの有名な日本医師会という団体である。

日本医師会は、日本で最強の圧力団体と言われているが、この団体は医者の団体ではなく開業医の団体なのだ。

日本医師会という名前からすると、日本の医療制度を守る団体のような印象を受けるが、実際は開業医の利権を守る団体なのだ。

この日本医師会は自民党の有力な支持母体であり、政治献金もたくさんしているので、とても強い権力をもっているのだ。

そのため、開業医はさまざまな特権を獲得している。

現在、大病院で診察を受けるには、まず地域の「かかりつけ医」の診察を受けて紹介状をもらわないとならない。最初から大病院で診察を受けると、7700円も余計に払わないとならないのだ。

開業医の特権「割り増し治療費」とは

開業医には他にもいろいろな特権がある。そのなかには非常に不可解なものも多数ある。

その最たるものが「特定疾患療養管理料」である。

これは高血圧、糖尿病、がん、脳卒中など幅広い病気に関して、療養管理という名目で治療費を請求できるものだ。

大病院には、この「特定疾患療養管理料」を請求することは認められておらず、開業医にだけ認められているのだ。

簡単にいえば、大病院と開業医でまったく同じ治療をしても、開業医だけが「特定疾患療養管理料」という名目で、治療費を上乗せ請求できるのである。つまり同じ治療を行っても開業医のほうがたくさん医療費を請求できるのだ。

患者は普通、医者の出した請求の通りに治療費を支払う。

そして大病院と開業医との間で料金の違いがあるなどとは知らない。

それをいいことに、ドサクサにまぎれて上乗せで料金を請求しているのだ。

開業医の優遇制度が国家財政を圧迫している

このように開業医は税金面で優遇されているので、名目収入以上の収入があるといえる。

開業医の所得2500万円は、サラリーマンの所得2500万円とは全然違う。

開業医の場合、収入からさまざまな経費を差し引いた後の2500万円なのである。自分が乗っているベンツも仕事に使うということにして、経費に計上しているはずだ。医者は他の事業者に比べてさまざまな経費が認められているので、実質的にはおそらくその倍以上の収入はある。

つまり開業医の実質年収は5000万円なのだ。

そして開業医は、医者の3割にも達するのだ。

開業医のなかには、こういうことを言う人も多い。

「開業医というのは、医者と経営者の両方を兼ねているんだから、いろいろ大変なんだ。楽して儲けているわけではないんだ」

しかし、それは普通の会社の経営者も同じである。経営者は皆、事業活動と企業経営の2つを同時にやっているのだ。

開業医で何千万円も儲けようというのが、もうそもそも時代の潮流からはずれている。たいして患者もいないのに何千万円も儲かるはずがない。

にもかかわらず、日本医師会という圧力団体を使ってごり押しして、無理やり開業医にそれだけの利益をもっていこうとする。そのために日本の医療制度はガタガタになってしまったといえる。

開業医が相変わらず儲けている一方、救急医療など医者が足りない場所もたくさんある。

もし開業医の収入を他に分散すれば、医者不足などすぐに解消するはずだ。

あまり流行ってもいない病院に、ベンツが止まっている光景がよくある。そういう光景が続く限り、開業医は日本の「医療のがん」であり続けるのだ。

不公平な仕組みは国民の理解を得られない

開業医の優遇制度について批判すると、開業医からよく反論のメールなどをいただく。

「開業医も大変なんだ。税金の細かい計算までしていては大変だ」

「そんなに儲かっている開業医ばかりではない」

というようなものである。

もちろん、開業医の仕事が大変だということは筆者にも想像ができる。

が、「それとこれとでは話が違う」のである。

事業者というのは、誰もが事業の仕事をしつつ、経営者としての業務もしなければならない。それは開業医に限ったことではない。なのに、なぜ開業医だけが税制で優遇措置をもっているのか、ということである。

一般事業者よりも、はるかに有利で簡便な税制措置をもっていることが問題なのである。この優遇措置をもっている限りは、開業医の特権について、世間の批判がやむことはないはずだ。

儲かっていない開業医がいることも事実だと思われる。ただし日本全体を見た場合、開業医の平均年収は勤務医の平均年収の2倍もある。この事実を見たとき、「開業医は儲かる」という見方は逃れられないはずだ。

「勤務医より開業医のほうがはるかに儲かる」

という事実は、日本の医療制度を歪《ゆが》めたものにしているはずだ。

開業医に集中しているお金を医者全体に分散すれば、勤務医になる人も増えるはずだ。勤務医の人手不足も解消されるはずである。

開業医のなかには、良心的な人が多いのも筆者は一応、知っているつもりだ。夜間の急患を受け入れる小児科などもあり、休む暇《ひま》もない人も多いだろう。また僻地《へきち》で開業医を細々と営んで頑張っている方もたくさんいる。

そういう方たちには筆者も敬意を払いたい。

そういう方たちには、別の形で優遇制度をつくればいいだけの話である。僻地での診療に従事している人に対しては、特別な手当てを支給するとか、急患を受け入れている小規模医院には、割増しの診療報酬制度をつくるなど。そういう「優遇制度」であれば、だれも文句は言わないし、むしろ必要なものだと感じられるはずだ。

今のように、すべての開業医に異常な優遇制度を敷かれていることは絶対におかしいし、日本の医療制度を歪めたものにしていると批判されても仕方がないはずだ。

日本の病床の80％は民間病院という異常

この開業医に対する優遇措置は、税金の問題だけにとどまらず日本医療全体を歪めることになっている。

日本は異常に病院の数が多い。

日本には９０００近くの病院、診療所があり、これも断トツの世界一なのだ。世界第２位のアメリカですら６０００ちょっとしかない。

先進諸国の公的病院と民間病院の病床数の内訳

	公的病院	民間病院
日本	約20%	約80%
アメリカ	約15%	約85% （うち非営利70%）
イギリス	大半	一部のみ
フランス	約67%	33%
ドイツ	約50%	約50% （うち非営利33%）

「諸外国における医療提供体制について」厚生労働省サイトより

アメリカは日本の2倍以上の人口を持つので、これは異常値である。

日本の人口100万人あたりの病院数は約67である。欧米の先進国の場合、もっとも多いフランスでも約52であり、アメリカなどは18しかない。

つまり人口割合でみると、日本はアメリカの約3倍の病院があるのだ。

また日本は病床数も、人口あたりでは断トツの世界一である。

人口1000人あたりの病床数

日本　13・6
韓国　8・8
ドイツ　8・3

フランス　6・4
アメリカ　3・1
イギリス　3・0
（OECDデータより）

そして日本の病床数の約80％は民間病院にある。しかし国公立病院の病床は約20％しかない。これは先進国としては異常なことである。

イギリス、ドイツ、フランスなどの先進国では、病床の半分以上が国公立病院なのだ。アメリカは国公立病院の病床数はそれほど多くはないが、病床の大半は教会や財団などが運営する「非営利病院」である。

なぜ日本の病院が民間病院ばかりなのかというと、日本では、開業医優遇政策が行われているため、開業医が儲かるシステムになっているからである。日本は開業医優遇システムがあるために民間病院の数、民間病床の数が異常に多く、公立病院が異常に少ないということになっているのだ。

新型コロナで日本がすぐに医療崩壊した理由

病床の80%が民間病院であっても、ちゃんと社会に役立つ医療を提供してくれているのであれば、国民としては文句はないはずだ。

が、民間病院がたくさんの病床を持っている理由は、「儲けるため」である。

そのため日本は病床数は世界一多いのに、ICU（集中治療室）の数は先進国最低レベルなのである。

以下が主な先進国の人口10万人あたりのICUの数である。

アメリカ	34・7
ドイツ	29・2
イタリア	12・5
フランス	11・6
韓国	10・6
スペイン	9・7

日本　　　7・3
イギリス　6・6
（OECDデータより）

日本は、韓国よりも少なくOECDの加盟国の中では下から2番目という低さなのだ。

なぜICUが少ないのかというと、ICU（集中治療室）は設備費用や人件費がかかるわりに儲けは少なく、しかも来るのは救急患者、重症患者ばかりなので大変だからだ。

新型コロナ初期の日本は、世界的に見て患者数が非常に少なかったにもかかわらず、医療崩壊状態になってしまった。それはICUや感染症病床など、儲からない医療の分野がまったく貧弱だったからなのだ。

日本の医療は、「重症患者が大量に出たら対応しきれない」のである。

医者の数は先進国で最低レベル

また日本の医療が脆弱《ぜいじゃく》なのは、医者が少ないからでもある。

日本が世界でもっとも病院が多いことは前述したとおりで、その一方で医者の数は先進国で最低レベルなのである。

ＯＥＣＤの統計発表によると、日本の医師数は１０００人あたり２・４人である。ＯＥＣＤ加盟国全体の平均は３・５人であり、日本は平均値よりかなり少ない。また日本はＯＥＣＤ36か国の中で32番目であり、つまり下から5番目なのである。

「病院の数は世界一多いのに医者の数は先進国で最低レベル」というわけだ。

そして、この原因も「開業医優遇」のためなのである。

「医者の数が多くなれば開業医の所得シェアが下がる」というわけだ。

全国の開業医同士では、「自分たちのテリトリーを侵さない」という暗黙の了解がある。各大学の医学部などで地域ごとにテリトリーのようなものがあり、しかも各大学の医学部の中で、開業するときに「近い場所では開業しない」という暗黙の了解のようなものがある。

そのため開業医はいったん開業してしまうと、激しい競争にさらされることはないのだ。特に地方ではその傾向が強くなっている。

そのため地方の個人医院などでは、息子が何浪をしても、医学部に行かせるというような傾向が強いのだ。どんなに医者の素養がなくても、とにかく医者の免許さえ取れば、やっていけるようなシステムになっているからだ。

人口1000人あたりの医師の数（OECD36か国）

順位	国名	人数
1位	ギリシャ	6.1人
2位	オーストリア	5.2人
7位	ドイツ	4.3人
8位	スウェーデン	4.1人
9位	デンマーク	4.0人
10位	イタリア	4.0人
21位	フランス	3.2人
28位	イギリス	2.8人
30位	アメリカ	2.6人
32位	日本（ワースト5位）	2.4人
35位	韓国（ワースト2位）	2.3人

出典　OECD helth Satistics 2019

しかも日本医師会は医学部の新設に強硬に反対してきた。

その理由は「少子高齢化によって、いずれ医者が余るようになるから」だという。

医者が余れば無能な医者が淘汰《とうた》されればいいだけの話である。実際に、ほかの業種ではそういう健全な競争が行われているのだ。

しかし、そういう競争が行われた場合、金の力で医者になった開業医のバカ息子たちが一番に淘汰されるのは目に見えているので、日本医師会は頑強に反対しているのだ。

まったく自分たちの利益のことしか考えていない団体なのである。

そして厚生労働省も日本医師会の圧力に屈している。日本医師会は政治家に圧力をかけるので、厚生労働者も政治家には逆らえないのだ。

だから医者が少ないのがわかっていながら、医学部の新設がなかなか認められず、医学部の定員もなかなか増えないのだ。

もちろん困るのは国民である。

なぜ日本は寝たきり老人が多いのか?

その一方で、日本は無駄な医療が異常に多い。

たとえば日本では寝たきり老人などを増やして入院させ、多額の医療費を稼いでいるのだ。実は先進国の中で日本は寝たきり老人が異常に多い国なのである。

日本では寝たきり老人が200万人いると推計されている。

これほど寝たきり老人のいる国は、世界中どこにもない。

というより欧米の先進国では、医療機関などには「寝たきり老人」はほとんどいないのだ。日本が高齢者大国だということを考慮しても、この数値は異常値なのである。

そのカラクリも、せんじ詰めれば開業医の利権につながる。

なぜ日本にこれほど寝たきり老人がいるのかというと、日本の医療現場では、「とにかく生存させておくこと」が善とされ、点滴、胃ろうなどの延命治療がスタンダードで行われているからだ。

自力で食べることができずに、胃に直接、栄養分を流し込む「胃ろう」を受けている人は、現在25万人いると推計されている。

これらの延命治療は、実は誰も幸福にしていないケースも多々ある。寝たきりで話すこともできず、意識もなく、ただ生存しているだけという患者も多々いるからだ。

親族なども、もう延命は望んでいない場合であっても、いったん延命治療を開始すると、それを止めることが法律上できなくなっている。

「自力で生きることができなくなったら無理な延命治療はしない」

ということは世界ではスタンダードとなっている。日本がこの世界標準の方針を採り入れるだけで、医療費は大幅に削減できるはずだ。

なぜ日本はそれをしないのかというと、この延命治療で儲かっている開業医が多々あるからだ。そういう開業医たちが圧力をかけ、現状の終末医療をなかなか変更させないのだ。

即刻、開業医優遇政策をやめないと、税金の不公平どころか国民の健康も脅かされるのである。

第6章

投資家の税金は先進国でいちばん安い

投資家の税金はサラリーマンの平均以下

株の配当や株の売買でえた収入にかかる税金の内容をあなたはご存知だろうか？

じつは、この税金も非常に安く設定されている。

つまり投資家や株主は、税金面で非常に優遇措置を受けているのだ。

普通、国民の税金は、所得に比例して税率が上がるようになっている。これは累進課税とよばれるものである。

たとえばサラリーマンや個人事業などの収入があった場合は、所得の合計額が１９５万円以下ならば所得税と住民税合わせて税率は15％で済むが、４０００万円以上あった場合は55％となる。

つまり、収入が多い人ほど税負担が大きくなる仕組みである。

しかし株主の配当だけは、その累進課税から除外されているのだ。つまり株主の場合は、どれだけ配当が多くても一定の税率で済むのだ。数十万円の収入しかない人も、数十億円の稼ぎがある人も同じ税率で済むのだ。

普通の人と投資家との所得税率の違い

普通の人の所得税率			投資家の所得税率
課税される所得金額	税率	控除額	
1,000円から 1,949,000円まで	5%	0円	普通株主（所得制限なし） 15.315%
1,950,000円から 3,299,000円まで	10%	97,500円	大口株主（所得制限なし） 20.42% ＊上場企業の株式を 3%以上保有しているもの
3,300,000円から 6,949,000円まで	20%	427,500円	
6,950,000円から 8,999,000円まで	23%	636,000円	
9,000,000円から 17,999,000円まで	33%	1,536,000円	
18,000,000円から 39,999,000円まで	40%	2,796,000円	
40,000,000円以上	45%	4,796,000円	

課税される所得金額	税率
普通の人の住民税	10%
投資家、株主の住民税	
普通株主（所得制限なし）	5%
大口株主（所得制限なし） ＊上場企業の株式を３％以上保有しているもの	10%

しかも、その税率が著しく低い。

じつは、株の配当、売買による収入について所得税はわずか15・315％（復興特別税含む）しかかからないのである。

何億、何十億の配当をもらっていても、たったのそれだけである。

所得税率15％というと、平均的なサラリーマンの税率と変わらない。

上場企業の株を3％以上保有する大口株主の場合は20・42％となるが、上場企業の株を3％以上もっているのは相当な資産家である。その大資産家にしても、わずか20％程度の税金で済むのだ。

また株の配当、売買による収入については、住民税は5％しかかからない。上場企業の株を3％以上保有する大口株主の場合は、普通の人と同じように10％となるが、それ以外の株主、投資家は5％で済むのだ。

住民税は、通常は一律10％かかるものである。サラリーマン1年生でも10％の住民税を払っているのだ。

にもかかわらず投資家だけが半額の5％で済んでいるのか、まったく謎である。

主要国の株式配当の所得税（上場会社の配当金）

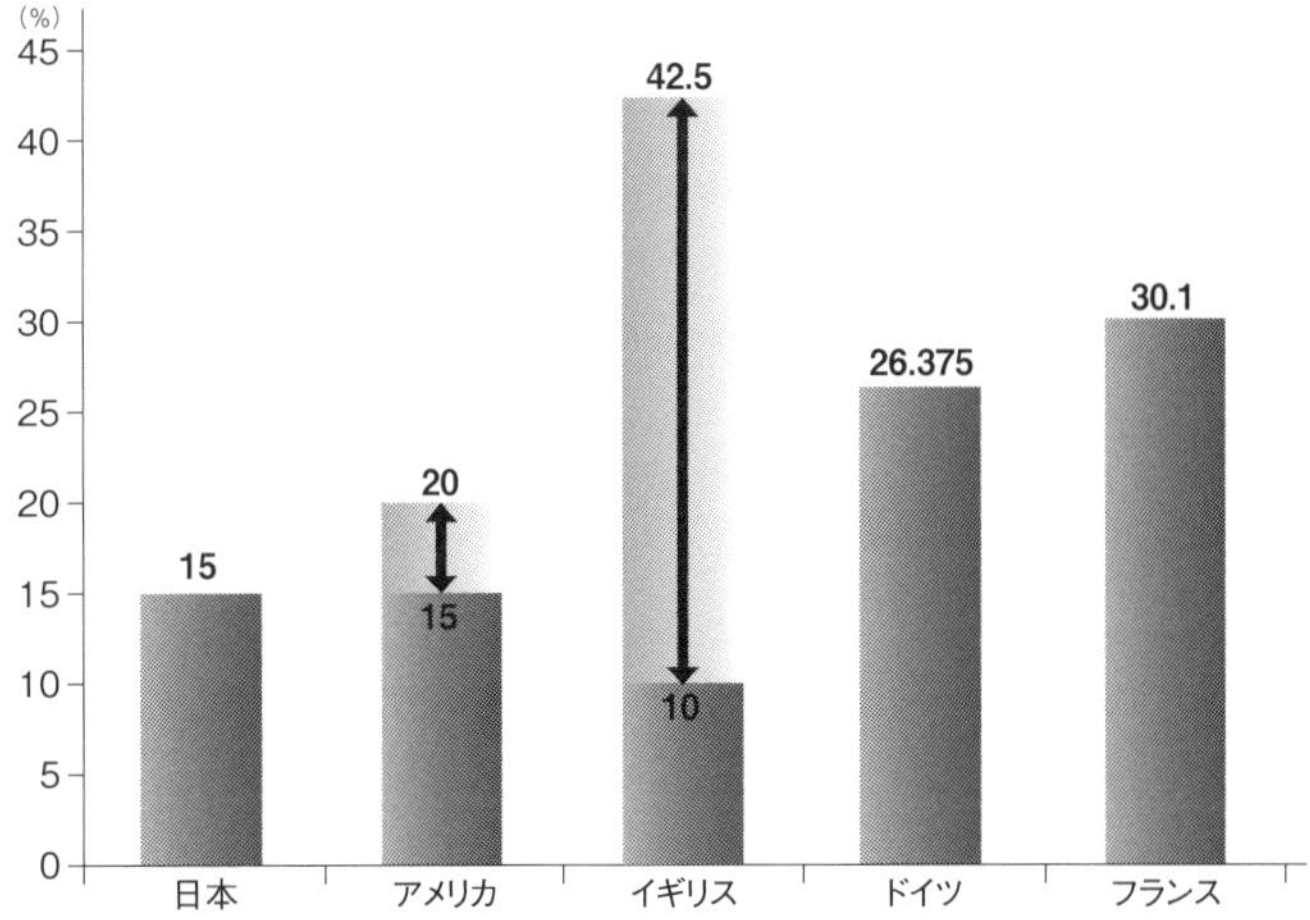

財務省サイト「主要国の配当課税の概要」より

先進国でもっとも投資家の税金が安い

日本が格差社会になったのも、この投資家優遇が大きな要因だといえる。

考えてみてほしい。

毎日、汗して働いているサラリーマンの平均税率が15％程度なのである。

その一方で、株をもっているだけで何千万円、何億円も収入がある人の税金も同じく15％なのである。

これで格差社会ができないはずはないのだ。

こんな投資家優遇の国は、先進国では日本だけである。

イギリス、アメリカ、フランス、ドイツなどを見ても、配当所得は金額によって税率が上がる仕組みになっており、日本の数倍の高さである。

アメリカは最高20％となっているが、住民税は資産に応じて課されるため、必然的に大口投資家のような資産家は多額の税金を払わなければならない。ニューヨークやカリフォルニアなどでは、住民税を合わせると50％を越えることもある。

投資家たちを優遇する「投資組合」とは

投資家たちの税金には、さらなる優遇措置がある。

それは「投資組合」というものだ。

村上ファンドやライブドアが世間を騒がせたときに、「投資組合」という言葉がよくでてきたので、ご記憶の方も多いのではないだろうか。

組合というと、互助組合とか協同組合というような、マネーゲームとはちょっとかけ離れたイメージがある。

この投資組合って一体どういうものだろうか？

実は投資組合というのは、民法上で言うところの「組合」である。互助組合とか協同組合と基本的には同じなのだ。

投資家からお金を集めて、それを運用する「組合」という意味である。

つまり投資家同士がお金を出し合って組合をつくり、その組合が投資活動を行うのである。

なぜ村上ファンドやライブドアが投資組合をつくっていたのかというと、投資組合は非常に税金が安いのだ。

というより、投資組合自体にはまったく税金がかからないのだ。

なぜなら投資組合は会社ではなく「組合」だからだ。

民法上の組合は、いくら収益をあげても税金はかかってこない。収益は組合員に還元されるから税金は組合員が払うという建前なので、投資組合自体は税金を払わなくていい。

そうなると、どういうことが起きるかというと、投資組合は投資で儲かればそのお金をそのまま再投資に使うことができるのだ。

これが普通の投資会社ならばこうはいかない。

企業が投資を行ったり他企業の買収を仕掛けて利益をえた場合、その利益には多額の法人税がかかる。だから再投資をしようとするなら、利益を差し引いた残りの資金でするしかない。

だから投資会社をつくるより、投資組合をつくったほうが絶対に有利なのだ。

なぜ、このような投資家を優遇するような制度がつくられたのかというと、ちょっと混み入った事情がある。

じつは投資組合というのは、もともと中小企業など資金調達が難しい企業が資金を調達しやすくするために設けられた制度なのである。

上場していない会社、中小企業は、資金を調達する場所が非常に限られている。

その不便を解消するために、平成10年に中小企業等投資事業有限責任組合法という法律がつくられ、一般の人も「投資組合」を使えば、簡単に中小企業に投資できるようになった。

ところが平成16年4月に投資事業有限責任組合法は改正された。小泉内閣が行った株式市場至上主義に基づく経済政策である。

この改正で中小企業だけではなく、上場された大企業にも投資できるようになった。

中小企業の資金確保という当初の目的はまったく崩れ、マネーゲームを後押しするシステムになったのだ。

この改正で、村上ファンドやライブドアなどが台頭してくることになった。

この小泉内閣の動きはアメリカのマネーゲームを真似したものだ。

アメリカは80年代からマネーゲームを加速させITバブルを起こし、ITバブルがはじけた後は住宅バブルを起こして、一時的に経済を活性化させてきた。つまりわざとバブルを起こすことによって経済を支えてきたのだ。

日本もそれにならって、人為的にバブルを起こして経済を活性化させようとしたわけである。

そして日本も小泉内閣の時代に一時的に株価が上がり、経済も活性化した。

でも、そんなことがいつまでも続くはずはない。好況の根本がバブルだったので、そのうちはじけるのは見えていたのだ。やがて小泉バブルははじけた。

現在、株価は大幅に上昇している。

しかし、これも人為的に株価を押し上げたものであり、経済成長の裏付けがあるものではない。その行く末はいわずもがなである。

第7章

海外に逃げる税金

竹中平蔵氏の脱税疑惑

昨今の富裕層は海外を使って節（逃）税しているケースも多い。

海外には日本国内と違って、さまざまな節税策がある。

まずもっともわかりやすいのが海外に居住することである。

海外に居住するとどうして節税になるかというと、住所地が海外にある人は日本で生じた所得だけにしか所得税は課せられないからである。

海外に居住している人の日本の所得税、住民税は次ページの表のようになっている。

もちろん、海外の居住先の税法に従わなければならないので、海外で税金を払うケースもある。しかし海外の所得税のほうが安ければ、その差額分だけ税金が安くなるのだ。

だからときには、住民票だけ海外に移す方法で節税をしたり、一定期間だけ海外に居住して節税するケースもある。

日本の国内に住所地がない「非居住者」になるには、1年間のうちだいたい半分以上、海外で生活しておかなければならないことになっているが、じつは厳密な区分はない。

海外に居住している人の日本の所得税、住民税

	所得税	住民税
日本からの収入がある人	日本からの収入にのみ課税	非課税
日本からの収入がない人	非課税	非課税

たとえば竹中平蔵氏はかつて住民票をアメリカに移し、日本では住民税を払っていなかった。

住民税というのは、住民票を置いている市町村からかかってくる。だから住民票を日本に置いてなければ、住民税はかかってこない。

これが、本当にアメリカに移住していたのなら問題はない。でも、どうやらそうではなかったのだ。

彼はこの当時、アメリカでも研究活動をしていたので、住民票をアメリカに移しても不思議ではない。でもアメリカでやっていたのは研究だけであり、仕事は日本でしていた。竹中平蔵氏は当時慶応大学教授であり、実際にちゃんと教授として働いていたのだ。

しかもこの時期、所得税の申告は日本で行っている。もし竹中氏が本当にアメリカに居住していたのであれば、所得税も日本で申告する必要はない。

なぜ所得税は日本で申告したのに、住民税は納めていなかったのか?

これが国会でも一時問題になった住民税の脱税疑惑の根幹である。

住民税は、1月1日に住民票のある市町村に納付する仕組みになっている。1月1日に住民票がなければ、どの市町村も納税の督促をすることはない。だから1月1日をはさんで住民票をアメリカに移せば、住民税は逃れられるのだ。

竹中平蔵氏は、どうやらこの仕組みを利用していたらしい。

竹中氏は、「住民税は日本では払っていないがアメリカで払った」と国会で主張している。日本で払っていなくてもアメリカで払っていたのなら、ともかく筋は通る。

それを聞いた野党は、「ならばアメリカでの納税証明書を出せ」と言った。でも竹中氏は最後まで納税証明書を国会に提出しなかった。

住民税は所得税と連動している。所得税の申告書を元にして、住民税の申告書が作成される。

これはアメリカでも同じである。

国内で所得が発生している人にだけ住民税がかかるようになっているので、アメリカで所得が発生していない竹中氏が住民税だけを払ったとは考えにくい。

税制の専門家たちのなかにも、竹中氏は違法に近いと主張をしている人もいる。日本大学の名誉教授の故・北野弘久氏もその1人である。故・北野教授は国税庁出身であり、彼の著作は国税の現場の職員も教科書代わりに使っている税法の権威者である。その北野教授が竹中平蔵氏は黒に近いと言っているのだ。

でもこの脱税疑惑は、うやむやになってしまった。

またこれと似たようなケースで、ハリー・ポッター翻訳者の申告漏れというのがある。2006年、ハリー・ポッター翻訳者が居住地をスイスにし、日本では確定申告をしていなかったのだが、国税当局は「実際は日本に住んでいた」として約7億円の追徴課税をしたのだ。

日本で本を出している翻訳者や作家などが海外に居住している場合、印税は源泉徴収される。でも税金はその源泉徴収分だけで済み、日本で確定申告する必要はない。だから海外の税金の安い地域に住んだほうが節税になる。

この場合、ハリー・ポッターの翻訳者はスイスにときどき住んでおり、またスイスの所得税のほうが安いので、住所地をスイスにしておいたわけだ。

でも日本の税務当局は、生活の実態は日本にあるとして日本での税務申告を求めたのだ。

ハリー・ポッターの翻訳者に関しては居住の実態をしっかり確認し、追徴課税しているのに対し、竹中平蔵氏には厳正な調査が行われることもなく、お咎《とが》めなしとなった。

ここでも、権力を握っている者は強いとなる。

利子、配当に税金がかからない国々

海外移住することで逃れられる税金は他にもある。

海外に住めば海外での利子所得、配当所得に税金がかからないのだ。

最近、外国企業に投資をしたり、外国の銀行に預金をする人が増えている。日本は低金利が続いている。日本で預金したって全然利子がつかないが、外国の預金だったら5%くらいの利子は普通についてくる。

さて、その外国企業からの配当や外国銀行での預金の利子は、日本に住んでいる限り、日本の税金がかかってくる。

が、外国企業への投資配当や外国銀行での預金利子は、国外に住んでいれば日本の税金はかからない。

もちろん、外国に住めば外国の税金がかかるので、日本の税金がかからなくても、それだけで税金が安くなるとは限らない。

しかし、タックスヘイブン（次項以下で詳しく紹介）などに住めば、配当や利子にはほとんど税金がかからない。

たとえばシンガポール。

この国は、キャピタルゲインには課税されていない。つまり株式や不動産投資でいくら儲けても、税金は一切かからないのだ。そのうえ所得税は最高でも24％、法人税は17％と、日本に比べれば非常に低い。

だからヘッジファンドのマネージャーなどがシンガポールに住んでいるケースも非常に多いのだ。

シンガポールは国策として、海外の富豪や投資家などを誘致しようとしている。彼らがたくさん稼いで多額の金を落としてくれれば、シンガポールとしては潤うからである。

そのためさまざまな便宜を図っているのだ。ちなみにシンガポールでは贈与税や相続税もない。

だからシンガポールで稼いで、その金をシンガポール在住の子供に贈与すれば、税金はまったくかからないことになる。

世界中から富豪がこの国に集まってくるのも無理のない話だといえるだろう。

またシンガポールに対抗して、香港でも似たような制度を敷いている。香港にも同じように移り住む金持ちが増えている。

このように外国企業からの配当などで大きな利益をえている人は、タックスヘイブンと呼ばれる地域に住むケースが増えているのだ。

「タックスヘイブン」とは

このタックスヘイブンというのは、日本人としては「税金天国」と訳してしまいそうだが、直訳すれば「租税回避地」となる。

タックスヘイブンは、その名の通り、税金がほとんどかからない国、地域のことである。

タックスヘイブンに住居地を置けば、税金はほとんどかからないのだ。

タックスヘイブンの主な国、地域は南太平洋の小国、ケイマン諸島などである。

「いくら税金が安いと言っても、南太平洋などに住むわけにはいかないよ」

と普通の人は思うだろう。

確かに普通の人、サラリーマンなどにとってタックスヘイブンに住むことなど絶対無理である。

だから普通の人にとってタックスヘイブンには何の魅力もない。

しかし金持ちにとっては、これ以上ないほどの魅力をもっている地域なのだ。

日本で生活する必要のない人、日本であくせく働く必要のない金持ちは、タックスヘイブンに居住するのだ。そうすれば日本のように高い所得税や住民税を払う必要はなくなるのだ。

各国を股にかけている会社が、本拠地をここに置いておけば法人税の節税もできる。タックスヘイブンに本社を置いて、各国には子会社を置く。そして各国の利益はタックスヘイブンの本社に集中するようにしておくのだ。

そうすればその企業グループ全体では、税金を非常に安くすることができる。だから、本社をタックスヘイブンに置いている多国籍企業も多い。

特にヘッジファンドと呼ばれる投資企業の多くはタックスヘイブンに本籍を置いている。

かの村上ファンドが、シンガポールに本拠地を移したのも、シンガポールがタックスヘイブンだったからなのだ。

またブルドックソースを買収しようとした投資グループ「スティール・パートナーズ」も、本籍地はタックスヘイブンで有名なケイマンになっている。

タックスヘイブンは税金が安いとともに、日本の税務当局の目が届きにくいという利点もある。

だから表に出せない脱税マネーや裏金などをタックスヘイブンに移したり、やばい取引をタックスヘイブン経由で行うケースも増えている。

また資産家が自分の資産を少しずつタックスヘイブンにもち出すケースも多いと言われている。莫大な資産をもっていれば、自分が死んだとき、遺族に莫大な相続税がかかってくる。だから資産をタックスヘイブンに移しておいて、日本の税務当局に見つからないようにするというわけだ。

もちろん、これは脱税である。

でも、タックスヘイブンの金融機関は秘密保持が徹底しており、金持ちにとってはスイスなどと同様、貴重な隠し口座となっているのだ。

またタックスヘイブンに連動して、「オフショア取引」という言葉も最近よく耳にするだろう。オフショア取引は、非居住者が行う投資活動のことである。タックスヘイブンなどにおいて外国人投資家が、その国以外の国に投資活動などをすることだ。だから当時国にとっては自国内で、外国人投資家が外国企業への投資をすることになる。

オフショアとは陸地から「離れた沖合」の意味で、「国家の関与から離れたところで行う取引」ということである。そして自国の国内市場とは区分して、外国との取引のみを行う市場をオフショア市場という。

オフショア市場はタックスヘイブンだけではなく、先進諸国でもつくられている。日本にもオフショア市場はある。

富裕層は世界各地のタックスヘイブンやオフショア取引を巧みに利用して、税金を逃れているのである。

なぜタックスヘイブンができたのか？

そもそもなぜ「タックスヘイブン」の国、地域ができたのか？

税金を安くしたら、その国や地域は大変である。彼らは何のために税金を安くしているのだろうか？

もちろん、彼の地には彼の地なりの計算がありメリットがあるので、タックスヘイブンをつくっているわけだ。

じつはタックスヘイブンの歴史は古い。

19世紀のことである。西洋の列強がアジア、アメリカ、アフリカを手当たり次第に食い散らかしていた時代。当時、企業のグローバル化が起こり始めた。今の多国籍企業と同じように、世界を股にかけて商売をする企業が増えていたのだ。そういう企業は当然、税金の安い地域に本拠地を置く。

そういう多国籍企業の一つがある事件を起こした。

その多国籍企業は、ダイヤモンドで有名なデ・ビアス社である。デ・ビアス社は、長らくダイヤモンドの世界シェアの9割近くを維持していたといわれる史上最大のダイヤモンド取引業者だ。

19世紀後半から、西洋各国では税金が上がり始めた。たび重なる戦乱で、各国とも歳入が不足していたので企業の税金を上げたのだ。

そこでデ・ビアス社はある対策を講じた。デ・ビアス社はイギリス系の会社だが、税金を安くするために本社を南アフリカに置いたのである。

当時のイギリスでは植民地への投資を増やすために、植民地企業の税金は安くしていた。南アフリカも税金が安かったのだ。そこにデ・ビアス社は目をつけたというわけである。

しかしイギリスの税務当局は、デ・ビアス社に対してイギリスでの納税を課した。デ・ビアス社の取締役会はイギリスにあり、実質的に経営はイギリスで行われているのでイギリスで課税されるべきだという判断がされたのだ。

しかしイギリス税務当局のこの判断は、多国籍企業に節税のヒントを与えることになった。

「取締役会をイギリスで行っているから、イギリスの税金がかかるというのなら、取締役会を植民地で行えば植民地の税金で済むはず」というわけだ。

そこでまずエジプトで不動産事業をしていたエジプトデルタ地帯開発会社が取締役会の場所をカイロに移したのだ。

イギリスの税務当局は、このエジプトデルタ地帯開発会社にもイギリスでの課税をしようとしたが、今度は裁判所が待ったをかけた。

「エジプトで経営されている事実があるので、イギリスで課税することはできない」

この後、イギリスの多国籍企業はこぞって取締役会を植民地で行うようになった。

タックスヘイブンにイギリスの旧植民地だったところが多いのは、このためなのだ。

そしてこれはイギリス植民地にとっても好都合だった。

イギリス植民地は、多国籍企業がたくさん籍を置いてくれるので税収が上がる。会社が籍を置けば、それなりの登記費用などがかかるし、また会社はある程度、その地域にお金を落としてくれる。

イギリス植民地にとって、それは貴重な財源となったのだ。

だからイギリス植民地は、第二次大戦後に相次いで独立した後も、税制はそのままにしておいた。せっかく籍を置いてくれている多国籍企業に出て行かれないためにである。

また旧イギリス植民地にならって、他の貧しい国や地域も税金を安くして多国籍企業や資産家を誘致するようになった。

それがタックスヘイブンの成り立ちというわけである。

頭を痛める先進諸国

このタックスヘイブン、先進諸国にとっては頭の痛い問題である。

国内の企業が成長し、多国籍企業になると、本社をタックスヘイブンに移されてしまうのだ。そうなると母国では税金が取れなくなる。

ただでさえ税収不足に悩まされている先進諸国にとって、これは大問題でもある。

たとえばアメリカは、自国の企業のうち1万社近くがケイマン諸島に本拠地を移しているとされている。ここでアメリカは、年間1000億ドル（11兆円）の税収を失っているといわれているのだ。

日本では、はっきりした統計はないが、兆に近い単位で税収が失われていると見られる。

もちろん、先進諸国もただ手をこまねいているわけではない。各国が協調してこの対策に乗り出した。

その結果、タックスヘイブンに籍があっても実質的に母国に本拠地がある場合は、母国で税金を課せられる方針を打ち出した。

日本でも、この線に沿ってタックスヘイブン対策の法律が施行されている。

タックスヘイブンに本籍がある企業でも、もっぱら日本で活動しているのであれば、日本で税金を納めなくてはならないというものだ。

しかし、この法律もタックスヘイブン節税を完全に防ぐものではない。

というのも、タックスヘイブンには各国のタックスヘイブン対策の網の目をすり抜けるような仕組みができつつあるのだ。

タックスヘイブンには、各国から集まってくる企業や資産家を守るためのサービスをする会社も数多く存在する。

それらのサービス会社は、多国籍企業のオフィスをタックスヘイブンに開設し、従業員もいるようにして、本社としての実体があるかのようなアリバイ工作をしてくれるのだ。

またそれらのサービス会社には弁護士がついているので、いざというときは法的な裏付けをとってくれたりもする。

そこまでされれば、先進諸国の税務当局もなかなか手を出せるものではない。

もちろん、トヨタのような大会社がタックスヘイブンに行くようなことはありえない。

本社の機能は日本に置いてないと企業活動ができないからだ。

しかし、どこに本社があっても差し支えないようなちょっとした投資会社などは、タックスヘイブンに移ることも可能である。

だから世界中の主な投資ファンドは、タックスヘイブンを本拠地にしているのだ。

この問題は、先進国と途上国の経済格差も関係していることから、しばらくは解決できないかもしれない。

武富士親子の史上最大の相続税逃れ

武富士の元会長親子が、海外を使って相続税の節税を図り、国税と争っていたことをご存知だろうか？

国税が完全に敗北し、巨額の還付金を支払ったのである。

この武富士の相続税の節税は、じつに巧妙なものだった。

スキームは簡単にいえば次のようなことである。

武富士元会長が生前、自分の長男にと、あるオランダの会社の株を贈与した。このオランダの会社は武富士の株をもっていたので、実質的に武富士の株と同じ価値をもっている。

その額は、推定2600億円以上。小市民にとっては想像もつかない額である。

本来なら武富士元会長の長男は、1300億円の贈与税を払わなければならないところだ。

しかし武富士元会長の長男は当時、香港に住んでいた。

この当時の税法では、外国にある資産を外国に住む人に贈与した場合は、贈与税はかからないということになっていた。

たとえばイギリスに住んでいる自分の娘に、アメリカにもっていた家を贈与した場合は贈与税はかからなかったのだ。

武富士の元会長はその制度というか、抜け穴を利用したわけである。この制度が改正される直前に、長男に贈与をしているわけだ。

贈与税というのは、だれかに金やモノをあげたときにかかってくる税金である。当時の最高税率は50%だった（現在は55%）。

贈与税は、相続税の取りっぱぐれを防ぐためにつくられたものだ。

資産家は、相続税対策のためになるべく自分の資産を減らそうとする。生前に自分の資産を家族などに贈与して分散してしまうのだ。それを許していると相続税が取れなくなるために、贈与したときにも税金がかかるようにしたのだ。

国税当局は、「長男は香港に住民票を移しているが、実際は日本で生活しており香港に住民票を移したのは課税逃れのためにすぎない。実際は日本に住んでいたのだから日本の贈与税はかかる」という判断をして追徴課税をくらわせた。

それに対して武富士側は国税局の処分を不服とし、税務訴訟を起こした。

最高裁まで争われた判決では、武富士元会長の長男は香港に在住していたので課税できないとして、課税の取り消しを命じた。

その結果、武富士側は利子分も含めて約２０００億円が国税から返還されたのである。

しかし現在は、この武富士のような「節税」はできなくなっている。

現在の税法では、海外で資産を贈与した場合に、日本の贈与税を逃れるには次のいずれかの条件を満たさなくてはならない。

・親子ともに5年以上海外で住み、資産を譲渡した場合
・親子ともに海外に居住し、子供が日本国籍から外れた場合

つまり、わかりやすく言えば、親子ともに海外で5年以上居住するか、子供が日本国籍を捨てなければならないということである。

ここまでして贈与税を逃れるという富裕層もそうはいないと考えられ、とりあえず武富士のケースのような法の抜け穴は塞《ふさ》がれたわけである。

海外は脱税にも利用される

海外という場所は節税だけではなく脱税にも利用されている。

海外を舞台にして架空の取引を行って法人税や所得税を逃れたり、財産を海外に移し、相続税などの申告を逃れるのだ。

海外というのは、国内に比べれば取引内容や財産を隠しやすい。国内の取引であれば、税務署は調べようと思えばすぐに調べられる。

銀行や金融機関に隠していても、税務署は文書一つで金融機関内のすべての口座をチェックすることができる。家のなかに隠しているのであれば家探しをすることもできる。

しかし海外となるとそうはいかない。

海外の金融機関を日本の税務署が調べようとすれば、非常に煩雑な手続きを要する。租税条約を結んでいる国に対しては、お互い調査ができる取り決めになっているものの、それも一定の手続きを踏まなければならない。

また現地に赴いて調査しようにも税務署の調査費に限りがあるので、そうそう海外に行けるものではない。

なので、金持ちは海外を使って脱税をするようになったのだ。

税務署もその点は気づいており、昨今では海外の資産隠しの摘発にも力を入れるようになっている。

また税法も改正され、さまざまな網の目もつくられている。

2013年末からは、「国外財産調書制度」がスタートした。これは海外に5000万円超の資産を保有する場合、税務署に申告しなければならないというものである。もし違反すれば懲役刑もある。

現在、日本から海外に100万円以上送金すると、金融機関から税務当局に報告されることになっている。

ただ、これで海外を使った脱税がなくなることはないだろう。

資産を報告せずに、現金でもち出すケースもあるだろうし、地下銀行を使う手もある。

また国税当局の国際化は進んでいるとは言いがたい。

国税庁は、全国に国際取引プロジェクトチームをつくったり、海外取引を専門にする部署を設置したりしている。

また海外取引専門の調査官を養成するために、国際租税セミナーという研修を行っている。しかし、現実には英語が理解できる職員さえそう多くない。

中国、東南アジアと広がっていく経済のグローバル化に対応するためには、さらなる努力が必要だと言える。

第8章

大地主の税金は6分の1

不動産で儲かっている人の正体

地主（不動産経営者）も税金をまともに払っていない。

不動産経営者という職業も金持ちの中で、大きなシェアを占めている。

不動産経営というのは、昔からお金持ちの職業なのである。

また巷では「不動産を買って金持ちになろう」という類の書籍も多い。

不動産経営は非常に流行しており、新規参入者がかなり増えている。

サラリーマンの中にも、不動産経営を始める人がけっこういる。

昨今、新聞やネットなどで、アパート経営を薦める不動産屋の広告もかなり目につくようになった。

そのためかサラリーマンなどでアパート経営をする人が増え、２０１６年にはアパート向けの融資が過去最高を記録した。つまりは、ローンを組んでアパートを建てる人が激増したわけだ。

このアパート向け融資は、あまりにも件数が増えたため、少し前から金融庁の監督が厳しくなった。そのため、ここ数年ほどはアパート向け融資は少し減っているようだが、それでもかなりの高水準である。

サラリーマンの中には、なけなしの貯金をはたいて一獲千金を夢見て不動産経営を始めた人も多いようだ。

では、不動産経営を始めた人は、ガンガン儲かっているのだろうか？

金持ちのシェアの多くを占める不動産経営者というのは、こういうサラリーマンたちなのだろうか？

残念ながら、ここでも答えはノーである。

不動産経営を始めた者のほとんどは赤字を抱えているか、儲かったとしてもほんのわずかなものである。

なぜなら不動産投資において、一番美味しい物件やいい場所は、すでに金持ちたちに押さえられているからだ。

空き室が出てもすぐに誰かが入るような利便性の高い場所は、とっくに誰かが押さえているのである。

そうして、そういう美味しい物件はなかなか手放すようなことはない。

だから昨今のサラリーマンたちが手を出している不動産物件というのは、あまり収益が見込まれず、既存の投資家や不動産会社が手を出しかねているものばかりなのだ。

不動産業は生き馬の目を抜く業界

不動産業というのは、昔から「生き馬の目を抜く」と言われたほど激しい業界なのである。素人の人が参入して大儲けできるほど甘い世界ではない。

サラリーマンの大家などは、ちょっとした小遣い程度の収入を得ることはできても、大儲けすることなどほぼできない。

では、実際に不動産経営で大儲けしている人というのは、どういう人たちなのか？

目端の利くビジネスマン？

そういう人もいることはいるだろう。

じつは不動産経営で大儲けしている人の大半は、昔から土地を持っているいわゆる「地主さんたち」なのである。

筆者は、国税調査官をしているとき、地域の土地の所有者がどういう人なのか、仕事上知る機会が多かった。目抜き通りや駅前の一番需要が高い土地のほとんどは、昔からの地主や不動産会社が所有していた。

だから新規に不動産に参入した人が、デベロッパーから買わされている物件というのは、目抜き通りや駅からはかなり離れたあまり需要のないものばかりなのである。

考えてみれば、それは当たり前である。

儲かる物件ならば、不動産会社が自社で運営するはずだ。

儲かるかどうかわからない（もしくは儲からないことがわかっている）から、他人に売るのである。不動産業者がサラリーマンたちに持ちかけているアパートやマンション経営というのは、不動産業者自身では儲ける自信がないものばかりなのだ。

不動産事業で儲かっている人というのは、儲かる物件を持っている人であり、そのほとんどは元からその土地や物件を持っている人なのだ。

つまり不動産経営で儲かっている人というのは、不動産経営でお金持ちになったわけではなく、初めからお金持ち（土地持ち）の人が不動産経営を始めたのが大半なのである。

しかも、そういう元からの地主というのは、土地を持っているだけではなく、さまざまな特権を持っている。その特権を生かして、安い税金で土地を保持し続けてきたのだ。

ここでも、既得権益が大きな幅を利かせているのだ。

「地主さん」の正体とは？

日本では、昔から広い土地を持っている人が、そのまま不動産経営を続けている場合が多い。いわゆる「地主」と呼ばれる人たちである。

では、この地主というのは、一体どういう人たちなのだろうか？

昔の財閥の子孫？

大企業の創業者一族？

そうではない。中にはそういう人もいるだろうが、地主全体のシェアには表れない。

その答えは、実は意外なものである。

「地主さん」の大半は、農家（元農家を含む）なのである。

農家が自分の土地（農地）を宅地化し、マンションやアパートなどを建てて、不動産経営をするようになったのだ。

農家というのは一般の人が思っているより、かなり広い土地を持っている。

日本の農業は、農家一戸あたりの農地が世界的に見て狭いと言われている。そういうことを小学校の社会の時間に習ったことを覚えている人も多いはずだ。

確かに日本の農地は、世界的に見て決して広くはない。しかし、それは「農地として」の話である。

農地としては決して広くないが、不動産経営となると話は別である。

農家の持つ農地というのは、マンションやアパートなどを建てる敷地なら、かなり広いのだ。

現在、日本の農家の農地の平均的な広さは1・7ヘクタールほどである（北海道を除く）。

1・7ヘクタールということは、1万7000㎡となる。都心部では一戸建ての宅地はだいたい50㎡程度だが、それが370区画もつくれるのだ。

しかも、それは農家の平均の広さである。

それ以上の農地を持っている地主もたくさんいるのだ。

戦後の農地改革では、北海道以外の農家は最大3町歩（約3ヘクタール）までの農地所有を許されている。ということは、大地主になると3ヘクタール（3万㎡）を所有している人もいることになる。

3万㎡というと、50㎡の宅地が600区画つくれるのだ。

そういう広大な土地を生かして、左うちわで不動産経営を長年続けている農家（元農家も含む）はたくさんいるのだ。

なぜ「地主の大半が元農家」なのか？

「地主のほとんどが元農家」と言われても、ピンとこない人も多いはずだ。

農家の持っている土地（農地）というのは農村というイメージがある。都会の目抜き通りや駅前の一等地を農家が持っていることが信じられない人もいるだろう。

実はこれには、ここに戦後日本経済の急激な発展が関係しているのだ。

というのも終戦直後の日本というのは、国全体が農村だったのである。

当時の日本は、就労人口の約半分が農業だった。

都市というのは国土のほんの一部だったのだ。東京でも都市化されているのはごく一部であり、大半は農地だった。渋谷あたりにも田園がたくさん残っていた状況だった。

しかし戦後になると、日本は急速に発展し工業国となった。農村だった場所が開発され、またたく間に都市化されていった。

だから都市が開発されるときには、その土地のほとんどは農家が所有していたのである。

もちろん、土地の値段は急速に上がった。

戦後の農地解放で、ただのような価格で土地を手にした農家もたくさんいたので、そういう農家たちは、「濡れ手に粟」の大儲けをしたことになる。

そういう農地を所有していた農家たちは、農地を手放したもの（売却したもの）もいたが、売却せずに土地を賃貸するものもたくさんいた。

そういうものたちが今、地主として、不動産経営をしているのだ。

地主たちの金儲けスキーム

農家が広い農地を持っているといっても、本来はそれをそのまま不動産経営に使用することはできない。

農地には、農地法などで厳しい制約が課せられている。

農地は相続税や固定資産税が格安になる代わりに、農業以外での使用が厳禁されている。農地というのは、農業という国民の生活を支える産業の基盤なので、いろんな制約を受けているのだ。

だから本来ならば、元農家が大地主になって、不動産経営をするというようなことはあり得ない。

しかし、じつは農地の税金には抜け穴が多々あり、相続税を払わずに継承しながら、それを宅地にする方法がいくつもあるのだ。

農家の場合、農地を自分の親族に相続させる場合は、「相続税猶予《ゆうよ》」という特典がある。つまり後継者が農地を相続し、引き続き農業をする場合は、相続税はいったん免除されるのだ。

そして納税を猶予された後継者が20年以上、農業を続けた場合に猶予された相続税は完全免除となる。

この制度を逆に取れば、

「農地を相続して、とりあえず20年間、農業を続ければ相続税はゼロになる」

「そのあとは、農地をどうしようが自由」

ということである。

そのため農地を相続した後、20年間は形ばかりの農業をする者が非常に多い。とりあえず樹木などを植えて、農業をしているという形態をつくっておく。

農地は相続税だけじゃなく、固定資産税も優遇されている。農地は、100㎡でも固定資産税は数千円で済むのである。都心部の農地などでは、宅地の数十分の一、数百分の一となる。だから農業収入が得られなくても、保持し続けられたのだ。

そして20年経てば、農地を宅地化し、不動産経営に乗り出すというわけだ。

この農地の相続税制度には、さらなる抜け穴がある。

原則として、「相続税を免除してもらうためには農業を20年間続けなくてはならない」のだが、「後継者の家を新築する」などの理由をつければ、農地を宅地にすることもできるのだ。

そして、いったん宅地にすれば、もう「農地」という縛《しば》りはなくなる。

後継者の家を建てるなどと称して宅地にした後は、そこに本来の目的からはずれたアパートを建てたりしても罰則があるわけではない。

日本の富裕層の大きな一角を占める「地主」のほとんどは、こういうタイプなのだ。このタイプの地主は、日本全国の主要な土地を握っている。

都心部の目抜き通りなどは、さすがに大企業などが占めているが、都心部周辺の都市の駅前などには、地元の地主が経営している大型マンションなどが多々ある。

駐車場やビルなどに「山田第一ビル」「田中第三駐車場」などの同じ名前がついているものが多々あるのを見かけることも多いはずだ。それは大方の場合、地元の地主（元農家）が経営している不動産である。

相続税を逃れる〝偽装農家〟とは？

本当に農業をしていて農地を相続している人たちは、まだマシなほうである。

実際には農業をしていないのに、農業をしているフリをして相続税の猶予だけを受けている者も多々いるのだ。

本当は農業をしているわけではないのに、形ばかり果樹などを植えて一応、農業を続けているという体を取り、「ここは農地である」ということにするのだ。

そういう状態を20年続ければ、もう相続税は払わなくていい。そして20年経てば「農業を継続する」という縛りもなくなる。

その農地を宅地にして、マンションを建てたりなども普通にできるのだ。

高度成長期からバブル期にかけて、こういう偽装農地が、都心部のあちこちに見られた。

そのため現在も都心部の近郊には、広大な農地が存在する地域もけっこうあるのだ。

都心から3~40分で行ける土地などというのは、都会のサラリーマンにとっては垂涎《すいぜん》の場所だといえるはずだ。そういう場所で、ほとんど収益の出ないような農作物を形ばかりつくっている偽装農家が多々いるのだ。

そして20年間農業を続けた後は、自分たちの都合のいいときに宅地化などをするのである。

もちろん、都心近郊の農家でも一生懸命農業に取り組んでいる方もいる。が、都心近郊の農地の広さを見れば、やはり異常だと言わざるを得ない。

たとえば千葉と埼玉は、耕地面積から言えば、まるで農業県なのである。

千葉は県面積の24・6%、埼玉は20・1%が農地なのだ。山形、秋田、岩手など農業地域とされている県の約2倍の割合である。千葉、埼玉の農業面積率は、全国的に見ても高い。千葉は茨城に次いで全国2位、埼玉は佐賀に次いで全国4位なのだ。

千葉や埼玉でも、都心部から遠いところの農地もたくさんあるので、そういう農地についてはは理解できるが、都心から30～40分程度で行ける場所にも、農地がかなり見られるのは異常である。

そして、こういう農地は突然、宅地化されマンションなどになることが非常に多いのだ。

大地主の税金の抜け穴

この大地主が、富裕層で居続けられる大きな要因の一つが税金である。

他の金持ちたちが、税金でこっそり優遇されている様を紹介してきたが、「地主」も同様に税金でこっそり優遇されているのだ。

不動産に関する税金というと、その最大のものは固定資産税である。固定資産税は、土地や建物を所有している人にかかる税金であり、いわば「富裕層にかかる税金」ともいえるものだ。

しかし、あまり知られていないが、土地に対する税金「固定資産税」はじつは大規模な不動産経営をしている大地主に非常に有利になっているのだ。

固定資産税というのは、本来は土地や建物の評価額に対して１・４％かかることになっている。しかし住宅用の狭い土地（２００㎡以下）に関しては、固定資産税は６分の１でいいという規定があるのだ。

これは、「住宅地の税金が高くなってしまうと、庶民の生活費を圧迫するから」という建前になっている。

しかし、この６分の１の規定は、自分が住むために家を持っている人だけじゃなく、大規模な不動産経営をしている人にも適用されるのだ。

たとえば、巨大マンションを棟ごと持っている人などにも適用されているのである。

そして、この「６分の１の規定」は建物全体の広さではなく、一戸あたりの住宅面積が２００㎡以下であればいいことになっている。

つまり巨大マンションであっても一部屋あたりの土地面積が２００㎡以下ならば、全部の部屋に適用されるのだ。この「６分の１の規定」は持ち家だけではなく、貸家、貸マンション、貸アパートにも適用されていることだ。

だから時価総額１００億円を超える巨大なマンションを持っている人も、狭い中古住宅を購入した人も、土地の固定資産税は同じ税率になっているのだ。

なぜ貸マンションなどにも「6分の1の規定」が適用されているのかというと、表向きは「貸家の固定資産税が高くなると、家賃に上乗せされるから」ということになっている。

しかし、実際は大地主を優遇しているだけなのである。

なぜ政権与党は大地主の機嫌を取るのか？

税務当局は、「貸マンションや貸アパートの固定資産税を上げると、家賃が高くなるので、できない」という説明をしている。

しかし貸マンションや貸アパートの固定資産税が高くなっても、それが家賃にすぐさま反映されるわけではない。

ものの値段というのは経費の高低ではなく、市場価値で決まるのである。それは経済学の常識である。だから貸家の固定資産税が高くても、市場価値が低ければ家賃は下がる（逆もまたしかり）。

また貸家の固定資産税が高く、マイホームの固定資産税が安いとなれば、人々は貸家を脱してマイホームを買おうとする。となれば、ますます貸家の価値は下がり、家賃は下がるはずなのだ。

実際、終戦直後には地主に対して高額の税金が課せられ、「貸すより売るほうが得」という事態になったため、多くの宅地が安く売りに出され、マイホームを手にした人が激増したのである。

なので普通に考えれば、大地主からはしっかり税金をとっていいのである。

でも大地主というのは、ある理由により、なかなか税金を取れないのだ。

というのも前述したように大地主は、農家（元農家も含む）である場合がほとんどである。

農家というのは、自民党にとっては結党以来の支持基盤である。農家は、「農協」という強力な圧力団体を持っており、長い間、自民党を支持してきた。

だから農家の税金などは、非常に優遇されているのだ。

しかも駅前に広い土地を持っているような大地主は、その土地の名士であることが多い。親族が地方議員などになっているケースも多々ある。というより、地方議員において、地主というのは、かなりのシェアを占めるのである。

当然のことながら、政治的な権力を持っている。

そのため地主たちの税金は非常に優遇されることになっているのだ。

昨今、都心部の農地を宅地と同様に課税しようということになり、「市街化区域」というものが設けられている。この区域内の農地については、税制の恩恵が受けられないようになった。

しかし農家が自分の農地を「市街化区域」に入らないように、政治家に働きかけるために、市街化区域はそれほど広まっていないのだ。だから農家は相変わらず、「駅前の一等地の広い土地を税金を払わずに相続し、そこにマンションを建てて左うちわ」という状況となっているのだ。

ここでも「有力者が政治権力と結びつき、権益を保持し続ける」という図式が成り立っているのだ。

第9章

大企業の実質税負担は驚くほど安い

トヨタが5年間税金を払っていなかった謎

トヨタ自動車は、2023年3月期の連結決算で、グループの最終利益が4兆円を超えた。利益が4兆円を超えたのは、日本の企業としては初めてのことである。

このトヨタ、2009年から2013年までの5年間、じつは国内で法人税等を払っていなかった。

2014年3月期の決算発表の際に、当時の豊田章男社長が衝撃的な発言をしたのである。

「いちばんうれしいのは納税できること。社長になってから国内では税金を払っていなかった。企業は税金を払って社会貢献するのが存続のいちばんの使命。納税できる会社として、スタートラインに立てたことが素直にうれしい」

この言葉に、度を失った人は多いのではないだろうか？

日本最大の企業が、日本で税金を払っていなかったというのである。

トヨタは単独決算でずっと赤字だったわけではない。近年で赤字だったのは、リーマンショックの影響を受けた2010年期、2011年期の2年だけである。それ以外の年は

トヨタの経常利益の推移 （単独決算　単位100万円）

	経常利益
2007年3月	1,555,193
2008年3月	1,580,626
2009年3月	182,594
2010年3月	△77,120
2011年3月	△47,012
2012年3月	23,098
2013年3月	856,185
2014年3月	1,838,450
2015年3月	2,125,104

ずっと黒字だったのだ。

日本の法人税制には、赤字繰り越し制度というものがある。決算が赤字だった場合は、その赤字分の金額が５～９年間繰り越される。だから、２０１２年３月期に税金を払っていなかったのは理解できる。

それでも翌２０１３年３月期には、その赤字分は解消しているはずであり、税金を払わなければならなかったはずだ。

また２００９年３月期は黒字であり、赤字繰り越しもなかったはずなので、この期には税金を払わなければならなかったはずだ。にもかかわらず、なぜトヨタは２００９年から２０１３年まで税金を払っていなかったのか？

じつは、そこには巧妙なカラクリがある。そして、そこに日本税制の最大の闇が隠されているのである。

近年の日本の税制がトヨタを中心に設計されてきたこと、ざっくり言えば、トヨタの恩恵のために税システムが改造されてきたことである。

「受取配当の非課税」というマジック

トヨタが5年間も税金を払っていなかった最大の理由は、「外国子会社からの受取配当の益金不算入」という制度である。

これは、どういうことなのか。外国の子会社から配当を受け取った場合、その95%は課税対象からはずされる、ということなのである。

たとえば、ある企業が外国子会社から1000億円の配当を受けたとする。この企業は1000億円の配当のうち、950億円を課税収入から除外できる。つまり950億円の収入については無税となるのだ。なぜこのような制度があるのか？

これは、現地国と日本で二重に課税することを防ぐ仕組みなのだ。

外国子会社からの配当は、現地で税金が源泉徴収されているケースが多い。もともと現地で税金を払っている収入なので、日本では税金を払わなくていいという理屈である。

現地国で払う税金と日本で払う税金が同じならば、その理屈も納得できる。

ところが配当金の税金は世界的に見て、法人税よりも安い。

つまり現地で払う税金は、日本で払うべき税金よりもかなり少なくて済むのだ。

たとえ1000億円の配当があった場合でも、現地での源泉徴収額はだいたい100億円程度である。しかし日本で1000億円の収入があった場合、本来239億円の税金を払わなければならない。

つまり現地で100億円の税金を払っているからという理由で、日本での239億円の税金を免除されているのだ。実際はもう少し細かい計算が必要となるが、ざっくり言えばこういうことである。

配当に対する税金は、世界的にだいたい10％前後である。途上国やタックスヘイブンと呼ばれる地域では、ゼロに近いところも多い。

対する法人税は、世界的に見て20％～30％である。日本も23・2％である。

だから「現地で配当金の税金を払ったから、本国の法人税を免除する」ことになれば、企業側が儲かるのは目に見えている。

アメリカの子会社が日本の本社に配当した場合、源泉徴収額は10％である。一方、日本の法人税は23・2％である。

アメリカで10％徴収されている代わりに、日本でのおよそ23％の徴収を免除されるわけだ。その差額分が本社の懐《ふところ》に入っているわけだ。

理屈から言って、海外子会社が現地で支払った受取配当金の源泉徴収分を日本の法人税から差し引けば、それで済むわけである。法人税を丸々、免除する必要はないはずだ。

たとえばアメリカで100億円の税金を払っているならば、日本で払うべき232億円の税金から100億円を差し引き、残りの132億円を日本で払うべきだろう。

にもかかわらず、アメリカで100億円を払っているからという理由で、日本の232億円の税金を丸々免除してしまっているところが税制の「抜け穴」となっているのだ。

本当は儲かっているのに税務上は赤字に

トヨタは詳細を公表してないが、この「受取配当の非課税制度」を利用して、税金を免れていたことは明白である。次ページの表を見てほしい。

トヨタの売上、利益の推移（単独決算　単位100万円）

	売上	営業利益	経常利益
2007年3月	11,571,834	1,150,921	1,555,193
2008年3月	12,079,264	1,108,600	1,580,626
2009年3月	9,278,483	△187,918	182,594
2010年3月	8,597,872	△328,061	△77,102
2011年3月	8,242,830	△480,938	△47,012
2012年3月	8,241,176	△439,805	23,098
2013年3月	9,755,964	242,133	856,185
2014年3月	11,042,163	1,269,004	1,838,450
2015年3月	11,209,414	1,270,664	2,125,104

２００９年３月期（単独）は営業利益は赤字だったのに、経常利益は黒字になっている。これはどういうことかというと、トヨタ本社単独の営業だけによる収支は赤字だったけれど、海外子会社からの配当などにより黒字になったのである。

２０１０年３月期も営業利益は３２８０億円もの赤字だったが、経常利益となるとその赤字額は７７１億円までに縮小されている。２０１１年３月期も営業利益は４８０９億円もの赤字だったが、経常利益の赤字は４７０億円まで縮小している。

そして２０１２年３月期は営業利益で４３９８億円もの赤字だったのに、経常利益は２３１億円の黒字となっている。

これらも、海外子会社の配当などが大きく寄与していると見られる。

そして海外子会社の配当は課税所得から除外されているので、税務上の決算書では営業利益の赤字ばかりが積み上がった。

つまり、「本当は儲かっているのに税務上は赤字」になっていたのだ。

その結果、2013年3月期まで日本で法人税を払わずに済んだのである。

「受取配当の非課税」はトヨタのためにつくられた

じつはこの話はこれだけでは終わらない。

これだけの話ならば、「トヨタは税制のスキをうまくついて節税していた」だけのことである。

しかしトヨタの場合、それだけではなく、もっと悪質な背景があるのだ。

というのは、「この制度自体、トヨタのためにつくられたようなもの」なのである。

つまりトヨタは本来、課税されるべきところを、法律を変えさせて課税されなくしてしまったということなのである。

ようするにトヨタは「税制の優遇制度をうまく利用した」のではなく、「自社の利益のために税制を変えさせた」のである。

一企業が日本の税制を変えてしまったなどというのは、にわかには信じられないだろう。それでも昨今の税制の変革を丹念に見てみると、トヨタの有利になるように変えられているとしか考えられないのだ。

海外子会社配当の非課税制度が導入されたのは、2009年である。それまで海外子会社からの配当は、源泉徴収された税金分だけを日本の法人税から控除するという、ごくまっとうな方法が採られていたのである。それが2009年から、配当金自体を非課税にするという非常におかしな制度が採り入れられたのだ。

そしてトヨタは、2009年期から5年間税金を払っていなかった。まさにトヨタが税金を払わなくて済むためにつくられたような制度なのだ。

トヨタはバブル崩壊以降、国内での販売台数が落ち込み、海外での販売にシフトしていった。特に90年代に入ってからは、海外販売の割合を急激に増やした。それまで50%程度だった海外販売の割合は、2000年代後半には80%前後で推移するようになった。

2000年代後半、トヨタは完全に海外依存型の企業になったのである。

海外での販売はほとんどがトヨタの本社が直接行うものではない。つまり海外に子会社をつくり、その子会社が海外販売を担うのである。

必然的にトヨタは2000年代の後半から、海外子会社からの受取配当が「収入の柱」になっていった。

海外子会社配当の非課税制度は、トヨタの「収入の柱」を非課税にする制度なのである。

しかもトヨタの海外販売が激増した直後の2009年から、この非課税制度が始まったのだ。単なる偶然では、到底、片づけられないモノだといえる。

なぜトヨタ優遇税制がつくられたのか?

じつはトヨタのための優遇税制というのは、この配当金非課税制度だけではない。

法人税制に隠された数々の特別措置には、トヨタのためにつくられたとしか思えないようなものが多々ある。

また消費税もじつはトヨタの強い要望でつくられ、トヨタが大きな恩恵を受けているものなのである。

それにしても、なぜ一企業に過ぎないトヨタのために優遇税制が敷かれるのか？

トヨタは、財界で強い力をもっている。

日本経済団体連合会の会長は財界の首相とも呼ばれ、日本経済に大きな影響力がある。

日本経済団体連合会の会長は、２００２年５月〜２００６年５月までトヨタの奥田碩《ひろし》氏が務めた。日本経済団体連合会の前身である旧経団連でも、１９９４年５月〜１９９８年５月までトヨタの故豊田章一郎氏が会長を務め、旧日本経営者団体連盟では、１９９９年５月〜２００２年５月まで奥田碩氏が会長を務めた。

現在、日本経済団体連合会の名誉会長５名のうち、２名がトヨタ（奥田碩氏、豊田章一郎氏）から出ている。

財界は、日本の経済政策や税制に大きな発言力をもっている。だから税制にトヨタの意向が強く反映されているのは、想像にかたくない。

しかもトヨタがここまで税制上、優遇されている最大の要因は「政治献金」にあるといえる。自民党への政治献金が多い企業団体のランキングでは、一般社団法人日本自動車工業会が１位で、２位がトヨタである。この順位は、長らく変わらない。

日本自動車工業会が毎年６０００万円〜８０００万円、トヨタが毎年５０００万円程度、自民党に献金している。

日本自動車工業会とは自動車製造企業の団体であり、当然、トヨタは主宰格である。ようするに自民党の企業献金の1位と2位がトヨタ関係なのだ。自民党にとって、トヨタは最大のスポンサーなのである。

そのトヨタに対して有利な税制を敷くのは、なんとわかりやすい金権政治なのだろうか？　しかも、たかだか1億数千万円程度の献金で日本全体の税制が変えられてしまうのである。日本の政治とはなんと貧弱なものなのだろうか。

もちろん、このような税制が続けば、日本経済はめちゃくちゃになってしまう。

実際に近年、日本経済は格差が広がり、国民生活はめちゃくちゃになってしまったのだ。

日本の法人税はタックスヘイブン並み

税金をまともに払っていない奴らの代表格に大企業がある。

「大企業はまともに税金を払っていない」

というと、必ず「日本の法人税は、すでに世界的に高い」などと反論する人がでてくるはずだ。

経済誌や経済評論家、経済学者なども、よくこういうことを発言している。

たとえば、東京大学経済学部研究科教授（当時）の伊藤元重氏は、ビジネス誌「週刊ダイヤモンド」の２０１３年8月26日のオンライン記事で、「日本ではなかなか消費税率を上げられることができなかった一方で、法人税率は世界有数の高さのままなのである」と述べている。つまり、伊藤氏は、「日本の法人税は世界的に高いから下げるべき」と言っているわけだ。

しかし、実は「日本の法人税が世界一高い」というのは大きな誤解なのである。

日本の法人税は、確かに名目上は非常に高い。しかし法人税にもさまざまな抜け穴があり、日本の実質的な法人税率はじつは驚くほど低いのだ。

次ページの表は、法人統計調査から抽出した日本企業全体の「経常利益」と法人税収を比較したものである。

いずれも政府が発表しているデータであり、誰でも簡単に確認することができる。

日本企業は経常利益に対して法人税は10％ちょっとしかかかっていないことがわかるは

日本の法人税の実質税率

	経常利益	法人税収	実質法人税率
2013年	72.7兆円	10.5兆円	14.4%
2017年	96.3兆円	12.0兆円	12.5%
2022年	95.3兆円	13.3兆円	14.0%

ずだ。名目の法人税率は23・2%なので、だいたい6割しか払っていないことになる。

つまりは、日本の実質的な法人税率は10%ちょっとであり、世界的に見ても非常に安い部類なのだ。

タックスヘイブンのレベルだといっていい。

これを見ると、絶対に日本の法人税は高いなどとは言えないはずだ。ぜひ政府の御用学者の方々の弁明をお聞きしたいものだ。

1990年代までの日本はそうではなかった。日本の法人税収は、法人の利益に対して税率通りの税収が入ってきていたのだ。しかし2000年代以降の日本は、大企業の税法の抜け穴をつくるようになり、今では名目税率と実質税率に大きな乖離《かいり》が見られるようになったのだ。

輸出企業は消費税増税で得をする

大企業の税金の抜け穴の一つに、消費税がある。

というのも、消費税は輸出企業にとって大歓迎の税金なのである。

なぜなら、彼らにとって消費税は払うものじゃなくてもらうものだからである。

消費税には不思議な仕組みがいくつもある。

そのうちの一つが「戻し税」である。

消費税というのは、国内で消費されるものだけにかかるという建前がある。だから輸出されるものには消費税はかからないのである。

ところが輸出されるものは、国内で製造する段階で材料費などで消費税を支払っている。

そのため「輸出されるときに、支払った消費税を還付する」のが戻し税なのである。

まあ、消費税の建前上の仕組みからいえば、この戻し税はわからないことでもない。輸出企業は製造段階で消費税を払っているのに、売上のときには客から消費税をもらえないので、自腹を切ることになる。それは不公平である。

しかし現実的に見ると、この制度は決して公平ではない。

というより、この戻し税は事実上、輸出企業への補助金となっているのだ。

なぜなら輸出企業の多くは、製造段階できちんと消費税を払っていないからである。

消費税がかかっているからといって、下請け企業や外注企業は、価格に消費税を転嫁できない。製造部品などの価格は、下請け企業が勝手に決められるものではなく、発注元と受注企業が相談して決めるものである。となると、力の強い発注元の意見が通ることになり、必然的に消費税の上乗せは難しくなる。

消費税が増税されたからといって、下請け企業はなかなか価格転嫁はできない。

すなわち、輸出企業は製造段階で消費税を払っていないにもかかわらず、戻し税だけをもらえる、となるのである。

２０２２年度、第1位のトヨタは５２７６億円もの戻し税を受けているのである。

現在、トヨタは円安により輸出好調のため、かなりの売り上げ増が見込まれている。だからトヨタの戻し税は、さらに増えることが予想されている。

上位10社だけで２兆円近くの戻し税が見込まれているのだ。

消費税の税収は20兆円前後である。20兆円しか税収がないのに、２兆円も戻し税を国は払うのである。

こんなバカバカしいことはないといえるのだ。

また前述したようにトヨタは2009年から5年間、法人税を払っていなかった。この5年間も毎年数千億円の消費税還付金を受け取っていたのだ。つまりトヨタはこの5年間、税金を収めずに税金をもらっていたのだ。

大企業は賃金も渋る

このように日本の企業は、税金をまともに払っていないが、その分を人件費などで社会にお金を落としているのであれば、まだ納得できるだろう。

しかし信じられないことに、日本企業は税金をまともに払っていないうえ、賃金も下げ続けたのである。

次ページの表は、主要先進国の1997年を基準とした賃金増加率を示したものである。これを見れば、先進諸国は軒並み50％以上上昇しており、アメリカ、イギリスなどは倍近い金額になっていることがわかる。その一方で、日本だけが下がっている。しかも約1割

2017年の先進諸国の賃金（1997年を100とした場合）

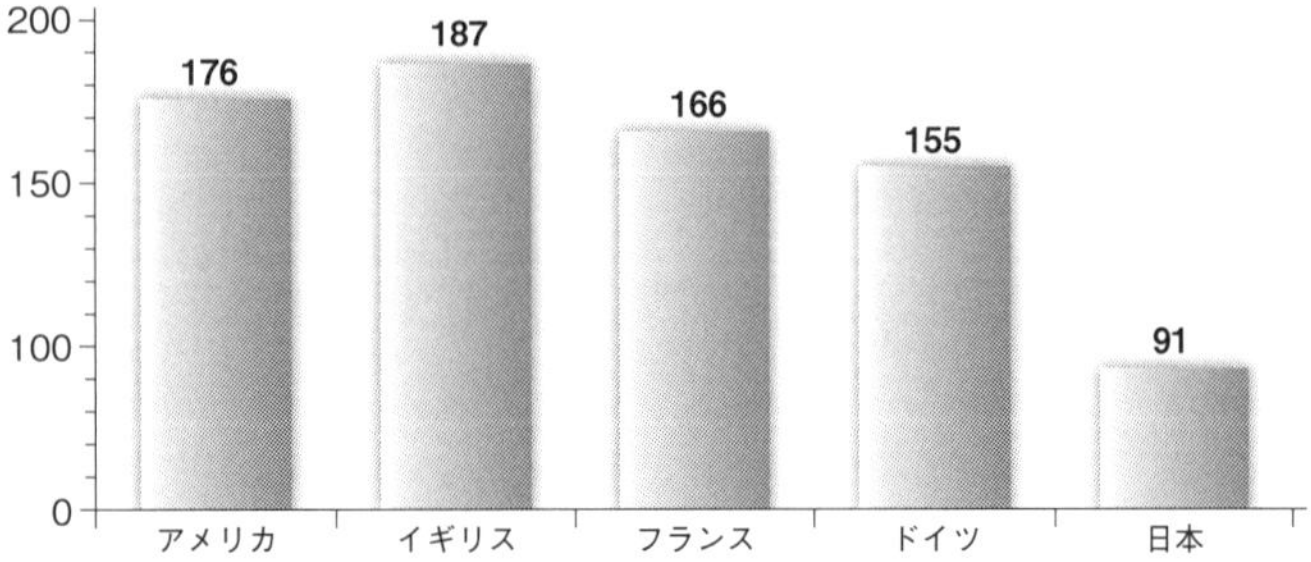

出典　日本経済新聞2019年3月19日の「ニッポンの賃金・上」

も減っているのだ。

イギリスの１８７％と比較すれば、日本は半分しかない。つまりこの20年間で、日本人の生活のゆとりは、イギリス人の半分以下になったといえる。

この20年間、先進国の中で日本の企業だけ業績が悪かったわけではない。

むしろ、日本企業は他の先進国企業に比べて安定していた。

経常収支は１９８０年以来、黒字を続けており、東日本大震災の起きたときでさえ赤字にはなっていない。企業利益は確実に上昇しており、企業の利益準備金も実質的に世界一となっている。

にもかかわらず日本企業は従業員の待遇を悪化させてきたのだ。

日本最大の企業であるトヨタでさえ、２００２年から２０１５年までの14年間のうち、ベースアップしたのは、わずか６年だけである。２００４年などは過去最高収益を上げているにもかかわらず、ベースアップがなかったのだ。

トヨタは、法人税を払わない期間が５年間あり、しかもその間に消費税の還付金は数千億円ずつ受け取っていたことは前述した。そのトヨタは、賃金に関しては下げ続けたのである。

日本最大の企業がそうなのだから当然、ほかの企業はその流れに追随する。

その結果、日本はなんと韓国よりも賃金が低くなってしまった。

ＯＥＣＤの２０２０年のデータによると、日本人の給料は韓国より安いということが判明したのである。日本の平均賃金はＯＥＣＤ加盟35か国の中で22位であり、19位である韓国よりも年間で38万円ほど安くなっているという結果が出たのだ。

このＯＥＣＤの賃金調査は名目の賃金ではなく「購買力平価」である。購買力平価というのは、「そのお金でどれだけのものが買えるか」という金額のことである。

だから賃金の額面とともに、その国の物価なども反映される。つまり「その賃金の購買

平均賃金の世界ランキング（OECD35か国）

順位	国名	平均賃金
1	アメリカ	7.47万ドル
2	ルクセンブルグ	7.37万ドル
3	アイスランド	7.20万ドル
4	スイス	6.90万ドル
5	デンマーク	6.13万ドル
6	オランダ	6.09万ドル
7	ベルギー	5.91万ドル
11	ドイツ	5.60万ドル
14	イギリス	5.00万ドル
16	フランス	4.93万ドル
20	韓国	4.27万ドル
24	**日本**	**3.97万ドル**

出典　OECD　Average　annual Wages 2022

力を比較している」というわけだ。

　ということは、日本人は韓国人よりも38万円分も生活が厳しいということになる。

　日本はＯＥＣＤ全体の平均よりも年間１００万ドル以上安くなっている。つまりは、日本人の賃金はＯＥＣＤの平均よりも、１３０万円程度低いということである。日本は先進国の中では、低賃金国となってしまったのだ。

　２０２２年以降は、ウクライナ戦争などによる急激な円安進行のため、日本の購買力平価はさらに下がったと思われる。

そして、この賃金低下こそが日本経済の地盤沈下の大きな要因でもあるのだ。

日本の企業はお金を貯めこみ過ぎている

日本の大企業は税金も払わず、賃金も渋り、いったい何にお金を使っているのだろうか？

その答えは、貯蓄である。

日本企業は、平成から現在まで大企業はしこたま貯蓄を増やしてきた。

企業の「内部留保金」は現在、500兆円を超えている。内部留保金というのは、簡単に言えば、企業の利益のうち、配当や役員賞与などを出した残りの金額のことだ。

この企業の内部留保金はバブル崩壊以降も着実に増え続け、2002年には190兆円だったものが、2008年には280兆円、2022年には500兆円を大きく越えているのだ。

この20年で2・5倍に膨れ上がっているのだ。

この500兆円の内部留保金がどれだけ大きなものであるか、普通の人にはなかなかピンとこないものだろう。

これは実は異常値と言えるものなのだ。実質的に世界一とさえいえる。


しかし内部留保金の話をすると、必ず次のような反論をする経済評論家などが出てくる。

「企業の内部留保金は設備投資などに回される分もあるのだ」

「だから内部留保金が大き過ぎるという考えは浅はかだ」

そして、こういう経済評論家は決まって「だから素人はダメなんだ」というようなバカにした口調で論じる。

が、バカにされるべきは、そういうことを言う経済評論家のほうなのだ。

会計学的に言えば「企業の内部留保金は設備投資などに回される分もある」というのは、その通りである。

しかし、それは理論の表面部分だけであって、日本企業の実情をまったく知らない人の理論でもある。

日本企業は内部留保金だけじゃなく手元資金（現金、預金等）も激増し現在は３００兆円近くになっている。

近年の企業の内部留保（利益剰余金）

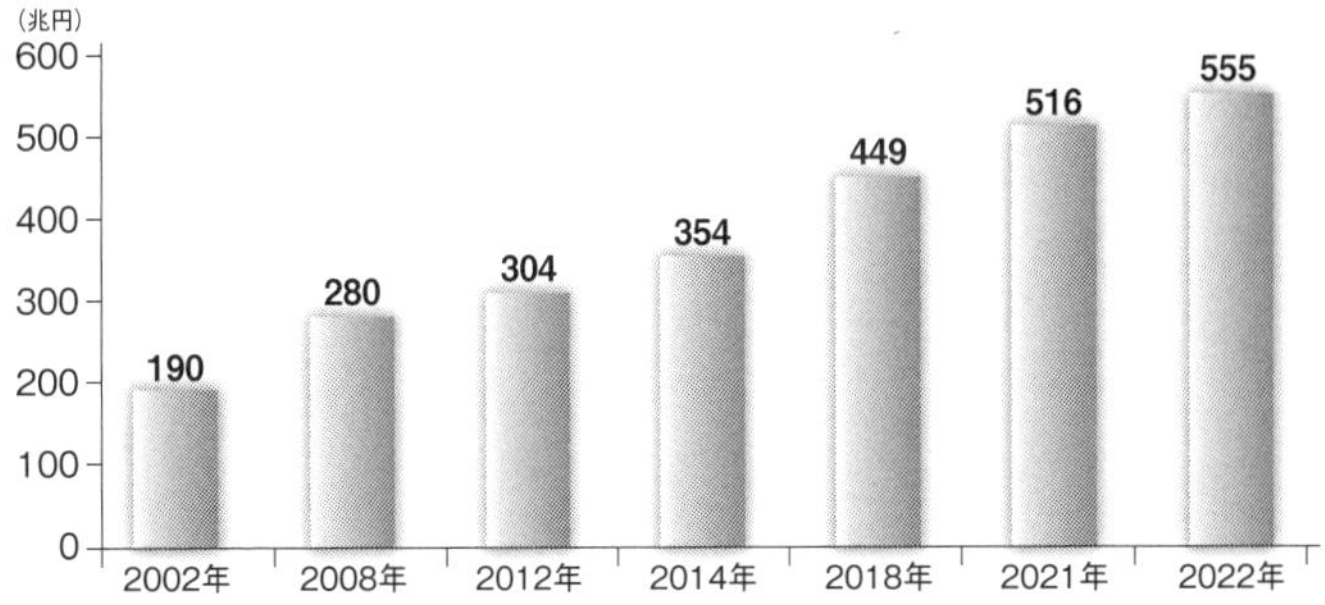

出典　財務省企業統計調査より

これはどういうことかというと、今の日本の企業では、内部留保金がほとんど投資に回されずに、企業の内部に貯め置かれているということだ。

この事実を知れば、誰だって「企業よ、もっとお金を社会に還元せよ」と思うはずだ。

「企業の内部留保金は設備投資などに回される分もある」などとほざいてきた経済評論家の方々、ぜひ反論していただきたい。

最近はそんなことを言う人はかなり少なくなってきたが、10年くらい前には腐るほどいた。

あえて名前は出さないが、中には今も経済評論家として活躍されている方もいる。経済評論家ではないけれど、かの「ひろゆき氏」もそういうことを発言していた。

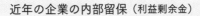

設備投資には回らない日本企業の内部留保金

「バブル崩壊以降の失われた30年」などという言われ方をする。

バブル崩壊後、日本経済は苦しい、だから国民は我慢しなければならない、そんなことを主張する政治家もいた。

が、実際はそうではない。

日本企業はその間もしっかり儲けていたのだ。

しかもそれに対して、サラリーマンの給料はこの十数年ずっと下がりっぱなし（一時期若干上がったときもあったが微々たるもの）である。そしてリストラなどで正規雇用は減らし、非正規雇用を激増させた。

つまり企業は儲けたお金を社員や社会に還元せずに、自分の懐に貯め込むばかりだったのだ。

サラリーマンの給料が減れば、国民の購買力は減り、内需は縮小する。それがデフレにつながっていたのである。

当たり前といえば当たり前の話である。これに反論できる経済評論家がいたら、ぜひ反論していただきたい。

企業の内部留保が、お金の流れをせき止めているのだから、企業から社員にお金を吐き出させればいいわけである。

この事実を知れば、誰だって「企業よ、もっとお金を社会に還元せよ」と思うはずだ。もし企業が内部留保金の1％でも社会に還元すれば、それだけで生活保護費が大方賄えるのだ。

法人税が安くなればサラリーマンの給料は下がる

現在、政府はさらなる法人税の減税を計画している。

また、法人税と所得税に上乗せされていた復興特別税は、法人税分だけ先に廃止されてしまった。

法人税が減税されれば、一般の人は社員にも恩恵があるように思ってしまうかもしれない。つまり、サラリーマンの給料も上がるのではないか、と。

しかし、それはまったく逆である。

というのも、企業の経済活動において、法人税の減税は賃下げの圧力を生むのである。

それは理屈でもそうなるし、実際のデータでもそうなっている。

なぜなら法人税が減税されれば、会社は経費率を下げる努力をするからである。

法人税は企業の利益に対してかかってくるものだ。

企業の利益はサラリーマンのものではなく株主のものである。だから法人税が下がって、その分の利益が増えれば、それは株主に回されるのだ。

また法人税が減税されれば、会社は株主のためになるべく多くの利益を残そうとする。

利益とは、売上から経費を差し引いたものである。利益を多く残そうとするならば、売上を上げるか、経費を下げるかしかない。必然的に会社は売上を増加させ、経費を削減させる方向に動くのだ。

そして経費を削減させると、サラリーマンの給料カットにつながるのだ。

実際に、この30年の日本経済を見れば、それはよくわかるはずだ。

この30年の間、法人税は10%以上も下げられた。また研究開発減税も行われた。

そして、この30年の間には戦後最長と言われる長い好景気の時代もあったのである。

にもかかわらず、この30年間、サラリーマンの給料はほぼ一貫して下げられてきた。そしてサラリーマンの給料は、30年前より10%以上も下がっているのだ。最近になって給料は上がったが、今まで下がった分に比べれば微々たるものだし、消費税の増税分にも遠く及ばない。

だからサラリーマンは、まかり間違っても法人税の減税に賛成などしてはならない。

そして政府が今すべきことは法人税の減税ではなく、「企業が賃金を引き上げなくてはならなくなる具体的な施策」である。２０２４年にいくつかの施策が行われたが、効力の面でまだ足らない。

法人税減税をするくらいならば社会保険料の減額を

もし景気対策としての減税を行うのであれば、法人税減税ではなく、まず社会保険料の減額をするべきである。

社会保険料の減額は、直接的に企業の負担減となり、それと同時に賃金や雇用を増やす圧力を生むのである。

つまり社会保険料を減額すれば、賃上げや雇用増に直接結びつくのだ。

社会保険料は、賃上げや雇用増をすれば企業の社会保険料負担も増す。

そのために、賃上げや雇用増をしたくてもできなかった企業はたくさんあったはずだ。

社会保険料が下がれば、企業は安心して賃上げや雇用増をすることができる。

また社会保険料を下げれば、社員の手取り額が増えるので、それだけで実質賃上げとなるのだ。

とくに低所得者の社会保険料を下げれば、中小企業が新規雇用をしやすくなり、雇用増につながりやすい。年収３００万円以下などの低所得者を対象にすれば、財源もそれほどたいしたことはない。

どうせ〝減税〟をするならば、賃上げや雇用増に直接つながることをすべきだろう。

企業の税金を上げても、企業が海外流出することはない

「内部留保に課税すべき」

「企業の税負担を上げるべき」

というような話をすると、決まってこういう反論をする人が出てくるはずだ。

「そんなことをすれば、企業が海外に出て行ってしまう」

これを言われれば、ほとんどの人は黙ってしまうようだ。

しかし「企業に増税すれば企業が海外に出ていく」というのは、まったく根拠のないデタラメの話である。

というのも、法人税（住民税も含む）は企業の支出のなかで、わずか1％にも満たないのである。

だから会社の税負担を10％程度増減させたとしても、企業活動のなかではほとんど影響がない。

税負担を10％増減したからといって、企業の支出全体から見れば、わずか0・1％程度なのである。

財界は、「法人税を下げないと、企業はみな外国に行ってしまう」などと脅すが、これはまったくのウソなのである。

わずか0・1％の経費削減のために、わざわざ外国に行く企業などないのだ。

外国に拠点を移すことは、それなりにリスクをともなうものである。経費が0・1％削減できるくらいでは、とても元が取れるものではない。

今、日本の企業が東南アジアなどに進出しているのは人件費が安いからである。人件費は、企業の経費のなかで大きな部分を占めている。経費の半分以上が人件費という企業も多々ある。そういう企業にとって、安い外国の人件費が魅力なので、海外に拠点を移すのである。

「税金が安いから中国に工場を移した」などという企業は聞いたことがないはずだ。税負担が高いからといって日本の企業の本社が外国に移ることは、まずない（よほど特殊な企業じゃなければ）。

実際に、今よりはるかに企業の税負担が大きかったバブル以前は、今よりもはるかに企業の海外進出は少なかった。当時は、まだ東南アジアなどが開発されておらず、企業が海外に出ていく環境が整っていなかったからである。

日本の企業のほとんどは日本に基盤があり、日本の文化をもっている。

日本の企業文化には独特のものがあり、外国に出て行って、そうそうやれるものではない。わずかな経費削減のために外国に拠点を移すことなどありえないと言っていいだろう。

法人税を上げても景気にはまったく影響はない！

「法人税を上げれば景気が悪くなる」

法人税反対論者は、よくこういうことを言う。

しかし、これはまったくのでたらめである。

法人税を上げても景気にはほとんど影響はない。それは理論的にも言えるし、データとしても明確に表れていることである。

そもそも法人税は、企業の〝利益〟に対してかかるものである。つまり法人税とは企業が事業を行い、儲かったあかつきにその利益の何割かをいただく、ということなのである。

つまり実際の企業活動には、まったく影響はないのだ。

たとえば法人税が高いから商品の値段が上がったり、企業の収益が下がったりすることは理論的にありえないのだ。法人税の増税というのは株主の取り分が減るだけであり、社員や社会に対する影響はまったくないのである。

実際に日本で法人税が最高に高かった時期は、日本経済がいちばん元気があった時期なのである。法人税が史上もっとも高かったのは、1984年から1987年の43・3％である。日本経済がこの時期に最高潮を迎えていたことは、だれもが知るところである。また企業の株価もこの時期は非常に高かった。

だから法人税を増税したところで景気が減退したり、株価が暴落したりすることはありえないのだ。

何度も言うが、法人税を増税することは、国内外の投資家の取り分が減るだけのことなのである。

法人税を下げれば、資産家と外国人が儲かるだけ

それなら国は、今までなんのために法人税を下げてきたのか？

それは法人税を下げれば、だれが得をするのかということを考えれば、すぐにわかる。

法人税は企業の「利益」に対してかかってくる税金である。法人税が減税されるということは、会社に利益がよりたくさん残るということである。

では、企業に残った利益を手にする人とはだれか？

それは株主である。

会社の利益は、原則として法人税を差し引いた残りは株主のものになる。つまり法人税を減税して、もっとも得をするのは株主なのである。つまり国は投資家のご機嫌をとるために法人税を下げていたのだ。

ここでも、「株主優遇政策」が行われていたわけである。

これで格差社会にならないほうがおかしい。

それくらい徹底した株主優遇政策なのである。

株主を優遇することは、日本の利益を外国人に寄贈することでもある。日本企業の株主の3分の1は外国人であり、彼らが配当の実質半分をもっていっていると見られる。企業の利益は、その企業だけのものではない。日本人が真面目に働き、日本社会が安定的に機能してきた結果としてえられたものだ。いわば日本経済の果実といえるだろう。「法人税を減税する」ことは、その果実を資産家と外国人投資家に渡すことになるのだ。

その点を重々承知しておいていただきたい。

<著者略歴>
大村大次郎（おおむら・おおじろう）
大阪府出身。元国税調査官。国税局で10年間、主に法人税担当調査官として勤務し、退職後、経営コンサルタント、フリーライターとなる。執筆、ラジオ出演、フジテレビ「マルサ!!」の監修など幅広く活躍中。主な著書に『なぜ副業すると税金還付になるのか?』『2024年法改正対応版　相続税を払う奴はバカ!』『増補改訂版　消費税という巨大権益』『完全図解版税務署対策最強マニュアル』『宗教とお金の世界史』『金持ちに学ぶ税金の逃れ方』『18歳からのお金の教科書』（以上、ビジネス社）、『世界で第何位？　日本の絶望ランキング集』『あらゆる領収書は経費で落とせる』（以上、中公新書ラクレ）、『会社の税金元国税調査官のウラ技』（技術評論社）、『おひとりさまの老後対策』（小学館新書）、『税務署・税理士は教えてくれない「相続税」超基本』（KADOKAWA）など多数。

亡国の脱税

2024年7月1日　　　　　　第1刷発行

著　者　大村 大次郎

発行者　唐津 隆

発行所　株式会社ビジネス社

〒162-0805　東京都新宿区矢来町114番地 神楽坂高橋ビル5F
電話　03(5227)1602　FAX　03(5227)1603
https://www.business-sha.co.jp

〈ブックデザイン〉中村聡
〈本文組版〉茂呂田剛（エムアンドケイ）
〈印刷・製本〉中央精版印刷株式会社
〈営業担当〉山口健志
〈編集担当〉本田朋子

ISBN978-4-8284-2638-9